ENTWICKLUNG DER REKLAME VOM ALTERTUM BIS ZUR GEGENWART

ERFOLGREICHE MITTEL
DER GESCHÄFTS-, PERSONEN- UND
IDEENREKLAME
AUS ALLEN ZEITEN UND
LÄNDERN

VON
DR. ERWIN PANETH

MIT EINEM GELEITWORT VON VIKTOR MATAJA

MÜNCHEN UND BERLIN 1926
DRUCK UND VERLAG VON R. OLDENBOURG

Geleitwort.

Der Verfasser war so freundlich, mich in sein Werk Einsicht nehmen zu lassen, als es die Druckerpresse durchlaufen hatte und sich anschickte, den Weg in die Öffentlichkeit zu betreten.

Ich glaube nun, daß schon der Entschluß, die „Entwicklung der Reklame" zu schildern, Beifall verdient.

Die Reklame ist reich an Geschichte, weniger reich an Geschichtsschreibern. Gewiß fehlt es auch nicht an solchen, es gibt Bücher und Aufsätze, welche, sei es im Allgemeinen, sei es unter Beschränkung auf Sondergebiete, Tatsachen der Vergangenheit vorführen, Licht auf den geschichtlichen Werdegang werfen wollen; ihre Menge ist aber klein im Vergleiche mit der Hochflut von Arbeiten, die sich in anderer Art mit dem Gegenstande befassen.

Ohne Zweifel bestehen daher auch noch Lücken bei der Befriedigung unseres aufs Historische gerichteten literarischen Bedarfes. Die Entwicklung einer so vielseitigen Einrichtung, wie es das Werbewesen ist, zu verfolgen, ist aber angesichts seiner steten und mannigfachen Berührungen mit Wirtschaft, Staatsleben, Technik, Kunst lehrreich, nützlich, verdient vielseitige und gründliche Behandlung.

Indem das vorliegende Werk die Entwicklung der Reklame im Laufe der Zeiten zu schildern unternimmt, dient es daher sicherlich einem sehr schätzenswerten Zweck.

Es löst seine Aufgabe vor allem in der Form der Vorführung des Entwicklungsganges der einzelnen Reklamemittel. Die Zusammenfassung zu einem Gesamtbild wird sich im Gedenken des Lesers unschwer vollziehen. Er stößt eben ohne Schwierigkeiten auf zahlreiche Gleichförmigkeiten, auf sehr allgemein zu verzeichnende Fortschritte, die vom Einfachen, Beschränkten, Kunstlosen zum Zusammengesetzten und Massenhaften, zur Ausnützung der Errungenschaften von Technik und Kunst führen.

Ein Vorzug der gewählten Darstellungsweise ist, daß sozusagen alles zu seinem Rechte kommt. Auch das vergleichsweise, bescheidene Reklamemittel erhält seinen Platz, verschwindet nicht unter dem Wettbewerb mit den großen, tonangebenden Werbebehelfen, wie dies leicht bei einer die Reklameverhältnisse großer Zeitspannen zusammenfassenden Behandlung der Fall sein könnte.

Sicherlich wird damit auch die Absicht des Verfassers, wie aus dem Vorwort zu erkennen ist, unterstützt, nämlich die, auch etwas praktisch Verwertbares zu schaffen: Man überblickt bei der gewählten Darstellungsform besser die Einzelheiten, kann leichter aus der Betrachtung des Kommens und Gehens der Dinge auf einem begrenzten Gebiete die geeigneten Schlußfolgerungen ziehen.

Besonderen Dank muß man aber wissen für die wahrhaft reiche, bildliche Ausstattung des Buches.

Die Abfassung des vorliegenden Werkes war gewiß nicht einfach. Wer auch nur einigermaßen in den Gegenstand eingedrungen ist, weiß, wie zerstreut die Quellen sind, aus denen man schöpfen muß. Vergegenwärtigen wir uns dazu auch noch, wie schwierig die Behandlung eines internationalen, obendrein auf lange Zeiträume erstreckten Stoffes, ist, wie vergleichsweise einfach es dagegen fällt, hinsichtlich eines einzelnen Landes oder einer begrenzten Zeitperiode das Material für eine Darstellung zu sammeln, so werden wir die geleistete Arbeit auch nach der Seite der bloßen Menge zu schätzen wissen.

Ich darf Derartiges wohl ruhig aussprechen. Plan und Durchführung der Arbeit waren ja, wie selbstverständlich ausschließliche Sache des Verfassers. Meine Beteiligung beschränkt sich auf die Entgegennahme von Fertigem, wie schon eingangs bemerkt, und auf die Beisetzung von ein paar Begleitworten.

Endlich noch Eines. Das Werk läßt deutlich erkennen, welche Summe von Gedanken, Einfällen, Mühen, Kunstfertigkeiten schon in den Dienst des Reklamewesens gestellt worden ist und damit seine Ausbildung beeinflußt hat. Möge die deutliche Erkenntnis davon allen, die mit ihm zu tun haben, ein Ansporn sein, an der fachlichen, künstlerischen, ethischen Fortentwicklung mitzuarbeiten, wo sich Gelegenheit dazu ergibt. Aus der Geschichte kann man nur lernen, sollte es wenigstens. Die Sache hat ja, wie die vorliegenden Blätter neuerdings und anschaulich dartun, eine reiche Vergangenheit und große Bedeutung für geschäftliche und außergeschäftliche Gebiete. All dies läßt es angemessen, ja dringend geboten erscheinen, auch weiterhin an der Hebung der Einrichtung zu arbeiten, an der Sicherstellung einer entsprechenden Zukunft.

Möge das Werk, das durch seine anziehende Beschaffenheit und eine jegliche Schwerfälligkeit vermeidende Darstellungsart geeignet ist, in weitere Kreise zu dringen, selbst werbend wirken für Gedanken der eben geäußerten Art.

Wien, Ende Mai 1926.

Viktor Mataja.

Vorwort.

Die Aufstellung eines Reklameplanes macht derzeit selbst Fachleuten deshalb Schwierigkeiten, weil eine systematische Darstellung der Reklamemittel in allen ihren Formen von den ältesten Zeiten bis zur Gegenwart fehlt. Infolgedessen mangelt einerseits der Überblick über das Gegenwärtige und Gewesene und anderseits die Beurteilungsmöglichkeit ihrer Eignung für gewisse Zwecke sowie der Gründe, warum gewisse Reklameformen in ihren einzelnen Verwendungen im Laufe der Zeit an Umfang gewonnen bezw. verloren haben.

Der Verfasser hat sich die Aufgabe gestellt, die Mittel der Gegenwart und Vergangenheit für eine erfolgreiche Reklame in ein einheitliches System zu bringen und die Gründe für ihre Werbekraft in ihren einzelnen Formen im Dienste der verschiedenen Zwecke darzulegen.

Es ist zu hoffen, daß auf diese Weise das Auffinden der in jedem einzelnen Falle notwendigen und geeigneten Reklamemittel und ihrer Formen erleichtert und der Reklametreibende in zahlreichen Fällen vor der Gefahr des selbständigen Experimentierens und der systemlosen Reklamemittelwahl, die vielfach derzeit von dem Zufall abhängt, bewahrt wird.

Großen Dank haben sich alle diejenigen erworben, welche durch Auskünfte und Bereitstellung von Material sowie durch die Genehmigung der Reproduktionen die Herausgabe erleichtert haben.

Inhaltsverzeichnis.

Verzeichnis der Abbildungen.

Literatur.

Behrmann H., Reklame, Bücherei für Industrie und Handel, Zürich 1923.

Burger Konrad, Buchhändleranzeiger des 15. Jahrhunderts. W. Hiersemann, Leipzig 1907.

Cronau Rudolf, Buch der Reklame. Peter Hobing (Leipzig), Berlin-Steglitz, Albrechtstraße 87, 1889.

Dolge Walter, Handbuch der Reklame. Francken & Lang G. m. b. H., Berlin W. 30, 1926.

Grunzel Jos., System der Handelspolitik. Duncker & Humblot, Leipzig 1906.

Hagemann Karl, Der Theaterzettel. Deutsche Verlagsanstalt, Stuttgart.

Kellen T., Lehrbuch der kaufm. Propaganda. Moderne kaufm. Bibliothek, Leipzig.

Knight-Kauffer E., The art of the poster. Cecil Palmer, London 1924.

König Theodor, Dr., Reklame-Psychologie. R. Oldenbourg, München und Berlin 1924.

Laarwood J. and J. Camden Hotten, The history of signboards. Chatto & Windus, London 1866.

Lysinski E., Dr., Die Organisation der Reklame. Späth & Linde, Berlin C 2, 1924.

Maindron Ernst, Les affiches illustres 1886, Les affiches etragères 1897. G. Bondet, Paris.

Mataja Viktor, Die Reklame. Duncker & Humblot, München und Leipzig 1920.

Münzinger Ludwig, Entwicklung des Inseratenwesens in den Deutschen Zeitungen. Heidelberg 1902.

Overbeck von, Pompeji. W. Engelmann, Leipzig.

Ruben Paul, Die Reklame, ihre Kunst und Wissenschaft, I. Bd. Verlag für Sozialpolitik, G. m. b. H., Berlin W. 57. II. Bd. Hermann Paetel, G. m. b. H., Berlin.

Sampson H., A history of advertisements. Chatto & Windus, London 1874.

Schottenloher Karl, Flugblatt und -Zeitung. Berlin W. 62, Richard Carl Schmidt & Co., 1922.

Schwarzkopf (anonym erschienen), Leitfaden der Reklame. Carl Gerold, Wien 1887.

Siegris Emerich, Wiener Hauszeichen. Burgverlag, Wien 1924.

Werner M. R., Barnum. Harcourt, Braun & Co., New-York.

Walter Albert, Das Schaufenster und sein Schmuck. G. A. Glöckner, Leipzig 1921.

Westen Walter v., Reklamekunst. Velhagen & Klasing, Bielefeld und Leipzig 1914. Reklamekunst aus zwei Jahrtausenden. Eigenbrödlerverlag Berlin 1925.

Wiener Zeitung, Geschichte der Wiener Zeitung. Jubiläums-Festnummer vom 8. August 1903, Wien.

Wuttke Robert, Die Entwicklung der Handelsformen und der Reklame. Leipziger Illustrierte Zeitung, Leipzig, Jub.-Nummer, 1909.

EINLEITUNG.

Begriff der „Reklame".

Die Zahl der Definitionen, welche den Begriff „Reklame" abgrenzen, ist eine sehr große. Ein Teil der Autoren, welche diese Frage behandeln, gibt sich die Begriffsbestimmung selbst, ein anderer Teil führt die wichtigsten, in der Literatur bekannten Definitionen an und überläßt das Endurteil dem Leser. Da die meisten Abhandlungen nur ein Teilgebiet der Reklame erfassen, so sind vielfach auch die Definitionen unvollständig.

Der Name selbst „réclame" stammt aus dem Französischen, das lateinische Wort „reclamare" ist gleichbedeutend mit „widersprechend", gibt also wenig Aufklärung. In England und Amerika bedient man sich der Ausdrücke „advertise", „advertising" in einem weiten Sinne, der keineswegs auf Ankündigungen in Zeitungen beschränkt, also dem Ursprung des lateinischen Wortes advertere, bildlich, die Aufmerksamkeit auf etwas lenken, angepaßt ist. Demnach wird auch von out-door advertising (durch Plakate, Schilder usw.), von indirect advertising (z. B., daß ein Kaufmann von sich reden macht) und Ähnlichem gesprochen. Im Französischen tritt zur Bezeichnung der gesamten auf Bekanntmachung und öffentliche Anwerbung gerichteten Tätigkeit häufig der Ausdruck „publicité", publicité commerciale, im Italienischen publicità auf.

Die in der Literatur zur größten Bedeutung und Anerkennung gelangten Begriffsbestimmungen für Reklame sind folgende:

Rudolf Cronau:

> „Man versteht unter Reklame im weiteren Sinne, durch irgend ein Mittel, sei es durch Wort, Schrift oder eine Tat, Interesse für eine Sache, eine Person, einen Gegenstand oder ein Unternehmen zu erregen; im engeren Sinne versteht man darunter die empfehlende Anzeige,

bei der im Unterschiede von der einfachen Annonce die Anwendung raffinierter Mittel zur Erweckung des öffentlichen Interesses wesentlich ist."

Dr. Theodor König:

„Geschäftliche Reklame ist die planmäßige Einwirkung auf die menschliche Psyche mit dem Ziele der Herbeiführung einer möglichst hohen Willenbereitschaft zum käuflichen Erwerbe des Angepriesenen."

Dr. Lysinski und Dr. Seyffert haben die Begriffe „Reklame" und „Propaganda" als höheren Gattungsbegriff von „Werbung" wiedergegeben und für diese die folgende Begriffsbestimmung abgeleitet:

„Werbung ist die organisierte Anwendung von Mitteln zur Massenbeeinflussung von Menschen, sich in freier Entschließung einen dargebotenen Zweck zu eigen zu machen und sich, durch ihn bestimmt, an seiner Verwirklichung mitzubetätigen."

Prof. Dr. Joseph Grunzel bezeichnet ebenfalls die Bekanntmachung als Reklame im weitesten Sinne des Wortes.

Meyers Konversations-Lexikon:

„Reklame ist jeder Versuch, durch erlaubte und unerlaubte Mittel das öffentliche Interesse auf sich zu lenken."

Prof. Dr. Viktor Mataja:

„Wenn im folgenden von Reklame die Rede ist (gemeint ist sein Werk ‚Die Reklame', Verlag Duncker & Humblot, München u. Leipzig, 1920), so bedeutet dies eine der Ausdehnung über einen größeren Personenkreis (in letzter Linie auf die volle Öffentlichkeit) fähige Einwirkung auf das Denken und Verhalten anderer in Beziehung auf einen Gegenstand, und zwar durch Erregung von Aufmerksamkeit und Erweckung günstiger Vorstellungen für ihn. Ausgangspunkt der Reklame ist jedenfalls das Bekanntmachen. Jegliche Bekanntmachung von Personen oder Gegenständen, die geeignet ist, die Aufmerksamkeit der Menschen für sie zu gewinnen, kann bereits zur Reklame gehören."

Werner Sombart sieht das Wesen der Reklame bzw. der Werbung in der Anempfehlung oder Lockung.

Horst Kliemann definiert:

„Werbung ist kein unbeschränkt wirksames, zeitlich bedingtes, selbständiges Gebilde, sondern Exponent des sozialen Grundtriebs „Wettbewerb“. Ziel des Wettbewerbs ist Kampf um den Anteil an der Kaufkraft auf wirtschaftlichem, an der Aufnahmefähigkeit auf geistigem Gebiete mit der Absicht der Gruppenbildung zwecks Wirkungsverbreiterung von Ideen und Personen oder rationeller Produktions- und Konsumptionsmöglichkeit von Waren. Ihr Wirkungsumfang ist von zwei Komponenten abhängig: einerseits von der vorhandenen Kaufkraft bezw. geistigen Aufnahmefähigkeit, anderseits von dem Willen des Individuums, zu verbrauchen oder sich Ideen anzueignen. Die Untersuchung der ersten Komponente ist Aufgabe der Wirtschafts-, Staats und Sozialwissenschaften, der zweiten, Aufgabe der angewandten Psychologie“.

Unter Berücksichtigung des allgemeinen Sprachgebrauches und unter Zugrundelegung der obigen Definitionen soll für dieses Buch nachstehende Begriffsbestimmung für „Reklame“ gelten.

„Reklame ist die bewußte Massenbeeinflussung durch Wort, Schrift, Bild, Plastik, Architektur oder die Tat auf das Denken und Verhalten anderer, um Aufmerksamkeit, günstige Vorstellung, ein geneigtes Urteil oder Wünsche, bezüglich eines Objektes, einer Person, eines Territoriums oder einer Idee zu erregen.“

Gegenstand der Darlegung.

Den Gegenstand der folgenden Darlegung soll die geschichtliche Entwicklung der Reklame bilden, wobei das Hauptgewicht darauf ruht, darzulegen, daß und wie die Menschen bereits in den frühesten uns bekannten Zeiten alle ihnen zur Verfügung stehenden Mittel angewendet haben, auf die Psyche und die Handlungen ihrer Mitmenschen einzuwirken, um sie in freier Entschließung zu einem ihnen genehmen Verhalten oder Handeln zu veranlassen; insbesondere soll durch diese Abhandlung auch jedermann klar werden, daß die Reklame keineswegs eine Erfindung der

Gegenwart ist. Einen bezeichnenden Beweis für diese Behauptung bildet das „Spottbild auf die Reklame" (s. Abb. 1), welches der Nürnberger Künstler Lorenz Strauch

Abb. 1. Spottbild auf die Reklame von Lorenz Strauch, ca. 1600.
(Germanisches Museum, Nürnberg.)

ungefähr im Jahre 1600 in Kupfer stach. Zugegeben werden muß, daß die geschärfte Kritik weiter Kreise in der neuesten Zeit vieles bereits richtig als Reklame erfaßt, was früher in der Regel nur denjenigen, welche die Reklame veranlaßten, und einzelnen wenigen Auserwählten als Reklame erkennbar war.

Die folgende Darstellung soll auch dazu dienen, durch eine historische Darlegung die bisher ziemlich schmale wissenschaftliche Grundlage des in unser Gesamtleben gegenwärtig so tief einschneidenden Gebietes der Reklame zu erweitern. Die zukünftige Fortentwicklung der Reklame in allen ihren Zweigen wird zweifelsohne durch die hierdurch mögliche Anknüpfung an Vergangenes angeregt und erleichtert werden, gar mancher wird durch einen Blick in die Vergangenheit erkennen, daß vieles hievon auch für die Gegenwart nützlich und förderlich sein kann und die Kenntnis derjenigen Methoden, welche sich in der geschichtlichen Entwicklung als erfolgreich erwiesen haben, werden in vielen Fällen unnütze Mühe und Aufwendungen ersparen.

Grenzen der Darlegung.

Ebenso wie die Weltgeschichte nicht jedes Scharmützel oder Vorpostengefecht verzeichnet, sondern sich darauf beschränkt, von allem Geschehen nur dasjenige festzuhalten, das der menschlichen Entwicklung neue Wege wies und richtunggebend wirkte, so soll auch die geschichtliche Darstellung der Reklame in erster Linie nur diejenigen Erscheinungen aus allen Zeitepochen und Ländern festhalten, die eine neue Stufe auf ihrem Werdegang bedeuten.

Es sollen hier nicht die unzähligen kleinen Reklametricks, mögen sie vielleicht auch in einzelnen Fällen erfolgreich gewesen sein, angeführt werden, weil hierdurch einerseits der Überblick und die Durchdringung der gesamten Materie erschwert würde und anderseits in der Fortentwicklung der Reklame nichts Entscheidendes geleistet wurde. Auch die Entwicklung auf den Spezialgebieten soll, ebenso wie es bei Darstellung der Weltgeschichte üblich ist, nur insoweit behandelt werden als sie für die allgemeine Entwicklung der Reklame Bedeutung erlangt hat; die Behandlung der Spezialgebiete selbst muß besonderen Monographien vorbehalten bleiben.

Durch Abstraktion aus der großen Anzahl der Erscheinungen in allen Zeitabschnitten und Gebieten soll der Weg von den vielen Variationen und Kombinationen zu ihren Elementen gefunden und die sich in ihnen auswirkende Type herauskristallisiert werden. Der gleiche Weg ist auch bei

Zitierung der Literatur eingehalten; es sollen nicht möglichst viele Werke angeführt werden, sondern bloß jene, welche aus der Menge heraus den Forscher in die Vergangenheit und in die Spezialgebiete führen.

Darlegung nach den Mitteln der Reklame.

Die natürliche Art der historischen Beschreibung der Reklame ist die nach den von ihr verwendeten Mitteln (Werbemitteln) und Methoden auf allen Gebieten ihrer Betätigung.

Die Mittel der Reklame sind, wie bereits in der Definition erwähnt, Wort, Schrift, Bild, Plastik, Architektur und die Tat. Die geschichtliche Darstellung der Reklame soll uns zeigen, wie diese Mittel in den verschiedenen Zeitabschnitten im Dienste der Reklame verschiedene Formen annahmen und sich, um besser zu wirken, formten.

Die Wortreklame auf dem Wege vom Ausrufer bis zur Radioankündigung, die Schriftreklame von den Steininschriften bis zur beweglichen Lichtreklame, die Bildreklame von der einfachen Plastik bis zur Darstellung von Worten und Bildern aus farbigen Gasen mit Hilfe von Flugzeugen in der Höhe von tausenden Metern, alle diese Entwicklungsstufen sind Gegenstand der folgenden Darstellung.

Neben der technischen Fortentwicklung wirkt auf die Mittel der Reklame wie auch auf alle anderen Gebiete die Fortentwicklung des Geschmackes ein. Der Unterschied in der Auffassung zwischen den Bildern auf den Flugblättern der ersten Buchführer und denen des modernen Plakates ist kaum geringer als zwischen dem Text der Flugblätter und dem modernen Plakattext. Auch diese Wandlung soll durch die folgenden Ausführungen festgehalten und beleuchtet werden.

A. GESCHÄFTLICHE REKLAME.

I. Allgemeines.

Bei Erforschung der Reklame fällt zunächst auf, daß sich unter der Geschäftsreklame gerade in den frühesten Zeiten die Reklame auf bestimmte Gebiete konzentrierte, während die restlichen Gebiete vielfach erst Jahrhunderte später in der Reklame aufscheinen.

Zu den frühesten Gebieten der Reklamebetätigung gehört die Reklame der Buchhändler, Quacksalber, Lotterieunternehmer sowie der Veranstalter von Zirkus-, Theatervorstellungen und Kunststücken aller Art.

Im 16. und 17. Jahrhundert setzte dann relativ intensiv die Reklame der Wirte ein, während die sonstige geschäftliche Reklame im großen Ausmaße erst der zweiten Hälfte des 19. Jahrhunderts vorbehalten blieb.

Der erste, welcher Reklame in größtem Umfange auf jede nur mögliche Art benützte, war Phineas Taylor Barnum (geb. am 5. Juli 1810, gest. 1891) (s. Abb. 2). Der Beginn seiner Tätigkeit als Zirkusdirektor und damit auch der Benützung der Reklame durch ihn fällt in das Jahr 1835. Die von ihm angewendeten Reklamemethoden bildeten bald den Gegenstand einer reichen Literatur und in kurzer Zeit hierauf auch für andere Erfolgbegierige den Anreiz zur Nachahmung; damit war natürlich gleichzeitig auch der Entwicklung der Reklame gegenüber der Vergangenheit eine unvergleichlich großzügige, neue Form gegeben.

Diese Tatsache findet auch ihre Erklärung in der bis zu dieser Zeit herrschenden wirtschaftlichen und gewerblichen Organisation; der normale Bedarf der Bevölkerung war bis zur Mitte des 19. Jahrhunderts[1]) durch eine konzessions- und zunftmäßige, lokalbeschränkte Produktions- und Handels-

---

[1]) Frankreich ging durch sein Gesetz vom 17. März 1791, wodurch die unbeschränkte Freiheit der Arbeit, Industrie und der Ausnützung jeden Gewerbes gewährt wurde, den übrigen Staaten weit voran.

tätigkeit befriedigt. Es durfte bis dahin im allgemeinen nur soviel produziert und gehandelt werden, als dem normalen Bedarfe der Bevölkerung bei hinreichendem Schutz des bürgerlichen Nutzens der Erwerbstreibenden entsprach[1]).

Abb. 2. J. P. Barnum, 1810—1891.
(Die große Trommel, Otto Wiegand, Leipzig.)

Neben dem laufenden Bedarf der großen Bevölkerungsschichten gab es aber noch besondere und auf kleinere Schichten beschränkte Bedürfnisse und Geschäftsgelegenheiten; zu diesen gehörten die obengenannten, in erster Linie die Bücher, und zwar schon deshalb, weil nur relativ ganz enge Kreise des Lesens und Schreibens kundig waren; es lohnte sich sonach die lokale Art der Bücherversorgung nicht, sondern die Buchhändler, die vielfach auch Verleger und Drucker in einer Person waren, mußten, um existieren zu können, ein großes Absatzgebiet bearbeiten, was sie durch Hausieren besorgten.

[1]) Dr. Joseph Grunzel, System der Handelspolitik. Leipzig 1906, Duncker & Humblot. S. 193 ff.

Während Schuhmacher, Fleischer, Tischler u. dgl. ortsbekannt waren und einer Ankündigung daher nicht bedurften, weilte der Verkäufer von Büchern, Heilmitteln, Lotterielosen, meist nur ganz kurze Zeit in einer Stadt, und er mußte daher während dieser Zeit auf ganz besondere Art die Aufmerksamkeit der Bevölkerung auf sich lenken, um den Interessenten seine Anwesenheit bekanntzugeben und sie an sich zu locken. Ähnlich lagen die Verhältnisse bei den Veranstaltungen von Theater- und Zirkusvorstellungen und Kunststücken aller Art. Die älteste geschäftliche Reklame betrifft daher ausschließlich diese Gebiete.

Auffallend an der Reklame der ältesten Zeit bis in die ersten Jahrzehnte des 19. Jahrhunderts ist die große Anzahl der Illustrationen und Bilder, ein Umstand, der um so mehr ins Gewicht fällt, als ihre Herstellung und Reproduktion in diesen Epochen relativ umständlich und teuer waren. Diese Eigenheit der Reklame ist auf die Unkenntnis des Lesens und Schreibens in den weiten Kreisen der Bevölkerung zurückzuführen, so daß die bildliche Darstellung das Wort ersetzen mußte. Mit der Verbreitung des Lesens und Schreibens ist durch einige Jahrzehnte des 19. Jahrhunderts hindurch eine Verminderung der Illustrationen und bildlichen Darstellungen in der Reklame wahrnehmbar, eine Entwicklung, die allerdings bald wieder in das Gegenteil umschlug.

Die Abschaffung des Zunft- und Konzessionswesens in Handel und Produktion in nahezu allen Staaten hatte bald die Folge, daß Produktion und Handel nicht künstlich auf die Deckung des lokalen Bedarfes beschränkt blieben, sondern im Gegenteil, den Bedarf und das Absatzgebiet künstlich zu steigern trachteten. Die mit der steigenden gewerblichen Tätigkeit scharf auftretende Konkurrenz hatte eine immer lebhaftere und großzügigere Reklame zur Folge, eine Tendenz, die noch dadurch beschleunigt wurde, daß in den letzten Jahrzehnten billige und überaus wirksame Reproduktionsmethoden (Lithographie, Autotypie, Offsetdruck) erfunden wurden; auch die Entwicklung der Elektrizität und der sonstigen Technik wiesen der Reklame neue, ungeahnte Wege.

Über den Begriff „Geschäftliche Reklame" äußert sich Dr. E. Lysinski wie folgt:

„Die Werbung bietet dem Publikum einen bestimmten Zweck dar und sucht es in planmäßiger Weise dazu zu beeinflussen, sich in den Dienst dieses Zweckes zu stellen. Der Zweck nun, den jeder Geschäftsmann mit seinem Unternehmen verfolgt, besteht darin, daß seine Waren gekauft, seine Leistungen in Anspruch genommen werden, daß er Waren- oder Arbeitsaufträge erhält. Demnach liegt das Wesen der geschäftlichen Reklame darin, daß der Geschäftsmann sich planmäßig bemüht, das Publikum dazu zu beeinflussen, seine Waren zu kaufen, seine Leistungen in Anspruch zu nehmen, ihm Waren- oder Arbeitsaufträge zukommen zu lassen. Man kann deshalb auch unbedenklich sagen, geschäftliche Reklame ist alles planmäßige Bemühen um Erhaltung und Gewinnung von Kunden, ist also planmäßige Kundenerhaltung und -gewinnung.

Ist dem aber so, ist geschäftliche Reklame nichts anderes als planmäßiges Bemühen um Kundenerhaltung und Kundengewinnung, so ist es klar, daß vieles schon Reklame ist, was vielfach noch gar nicht als solche angesehen wird.

Jedes bloße Bekanntmachen, daß man Waren zu verkaufen hat oder Arbeitsaufträge übernimmt, ist schon Reklame (Werbebekanntmachung). Jedes Empfehlen oder Anpreisen seiner Waren oder Leistungen ist Reklame (Werbeempfehlung). Jeder Versuch, das Kundenpublikum von den Vorteilen seiner Waren oder Arbeiten zu überzeugen, ist Reklame (Werbeüberzeugung). Jedes Mittel, durch das man das Publikum anlockt, seine Waren oder Leistungen gegen Entgelt in Anspruch zu nehmen, ist Reklame (Werbelockung). Jedes Angebot an Waren oder Leistungen, das man macht, ist Reklame (Werbeangebot). Es braucht nicht ein Plakat, ein Katalog, ein Inserat usw. zu sein; das sind nur besonders ausgeprägte Formen moderner Reklame."

II. Menschen und Tiere als Reklamemittel.

a) Ausrufer.

Das Ausrufen stellt die primitivste und daher auch älteste Form der Bekanntmachung dar. Diese Einrichtung geht bereits auf die Ägypter zurück, verbreitete sich von dort auf die Juden und teilte sich schließlich auch den Griechen und Römern mit. Sie wurde bei den Griechen durch den Keryx-Herold, bei den Römern durch den Praeco, im Mittelalter durch die Ausrufer besorgt. Als Dienstabzeichen trugen alle diese in der Regel den Caduceus = Heroldstab.

Selbst in die griechische Mythologie fanden die Ausrufer Eingang. Der römische Schriftsteller Apulejus überlieferte uns eine Erzählung über das Verschwinden der Göttin Psyche und den Versuch, sie durch Ausruf ausfindig zu machen; er berichtete hierüber: Als Psyche verloren war, ersuchte Venus den Merkur[1]), die Verlorene unter dem Volke auszurufen und eine Belohnung auf ihr Wiederbringen auszuschreien; sie teilt Merkur die genauen Merkmale mit, an welchen Psyche erkannt werden möge, und mit diesen auf einem Zettel niedergeschriebenen Notizen versehen, begibt sich der Götterbote unter die Völker der Erde und verkündet:

„Kund sei es jedermann, wie sich eine gewisse Königstochter mit Namen Psyche an Venus schwer vergangen hat und nun heimlich entwichen ist, um sich ihrer verdienten Strafe zu entziehen. Sollte jemand sein, der diesen Flüchtling aufgefangen hat oder nur nachweisen kann, wo sie sich verborgen hält, der finde sich bei den murcischen Pyramiden ein und gebe es mir, dem Merkur, an, der ich dieses als Herold jetzt bekannt mache. Er soll für seine Mühe von Venus in Person sieben Küsse zur Belohnung bekommen und einen noch insbesonders, der mit allen Süßigkeiten gewürzt ist, welche nur der Liebesgöttin Honigmund zu geben vermag."

Auf diesen Ausruf Merkurs, so berichtet Apulejus, beeiferten sich alsbald alle Sterblichen um die Wette, eine so hohe Belohnung zu verdienen.

Die Auslobung, das ist die allgemeine und öffentliche Zusage einer Belohnung für eine Leistung oder einen Erfolg, wurde übrigens auch bereits von den Ägyptern zur Verstärkung der Wirkung von Bekanntmachungen verwendet. Die Papyrussammlung des Louvre in Paris enthält ein aus dem Jahre 145 v. Chr. stammendes Schriftstück, in welchem nach einer Übersetzung von Letronne die Auslobung einer Belohnung für die Ergreifung von zwei aus Alexandrien entflohenen Sklaven enthalten ist. Der Akt, der übrigens

[1]) Stammvater der Herolde; der Heroldstab ist dem Merkurstab nachgebildet.

nur das normale Papier- und Schriftformat hat, dürfte auch durch Ausrufer der Bevölkerung kund gemacht worden sein. Es wurde also bereits damals der noch heute in Kriminalfällen übliche Weg der Gewährung einer Prämie zur Erzielung einer größeren Publizität verwendet.

Bei den Römern waren die öffentlichen Ausrufer (Praecones) teils vom Staate angestellt und besoldet, teils betrieben sie das Ausrufsgewerbe privatim. Die ersteren hatten die Volksversammlungen zu berufen, Gesetzvorschläge anzukündigen, die abgegebenen Stimmen auszurufen, Ruhe zu gebieten, öffentliche Festlichkeiten anzukündigen u. dgl. mehr; letztere hingegen wurden namentlich bei Auktionen verwendet und sie hatten die Zeit, den Ort und die Bestimmungen von öffentlichen Verkäufen auszurufen.

Wie sich bei den Griechen nur arme und niedrige Leute zu diesem Posten hergaben, so stand dies Gewerbe auch bei den Römern in geringer Achtung, zumal die Bildung der Ausrufer zumeist eine höchst mangelhafte war. Martial rät einem Vater, aus seinem Sohne, welcher einen besonders harten Kopf hatte, einen Praeconen zu machen; für Dichter, welche nichts verdienten, war es der äußerste Ausweg, daß sie Ausrufer wurden.

In alten Zeiten bediente sich auch die Kirche des Ausrufers, um die Gläubigen zur Andacht zu rufen. Erst als hierfür wirksamere Instrumente, wie tönende Metallplatten und später die noch weiter klingenden Glocken erfunden wurden, nahm die Geistlichkeit von dem Ausschreier Abstand, der in katholischen Ländern nur in der Zeit seine Tätigkeit wieder aufnimmt, wenn die Glocken ihre jährliche Reise nach Rom antreten. Mit Schnarre oder Ratsche versehen, mahnt er dann die Christen zum Kirchenbesuche. In orientalischen Städten ertönt hingegen noch heute vom hohen Minarett herab täglich fünfmal der Ruf des Muezzin, um die Muselmanen an das Gebet zu erinnern.

Die Ausrufer des Mittelalters pflegten die Aufmerksamkeit des Volkes vermittelst Trommeln, Trompetenstößen oder Schellengeläute zu erregen (s. Abb. 3 u. 4). Sie erscheinen bereits als wohlorganisierte Zunft im 12. Jahrhundert in Frankreich und werden von Schriftstellern jener Zeit vielfach erwähnt.

Ludwig VII. von Frankreich verfügte durch ein Edikt aus dem Jahre 1141, daß in der Provinz Berry bloß 12 Ausrufer bestehen dürfen, und umschrieb gleichzeitig strenge ihre Funktionen; Philipp August verordnete im Jahre 1258, daß alle Ausrufer (sergeant à verge) einer eigenen Berufsvereinigung anzugehören hätten.

Abb. 3. Londoner Ausrufer.
(Englischer Holzschnitt aus dem Jahre 1608.)

The Assizes of Jerusalem, in welchem das Zivilrecht des gesamten zivilisierten Europa im 12. und 13. Jahrhundert kodifiziert ist, enthalten die Vorschrift, daß nur durch die behördlich zugelassenen Ausrufer und auf die vorgeschriebene Art Verkäufe, Versteigerungen u. dgl. ausgerufen werden dürfen. Im Falle des Ausrufens durch andere Personen oder in anderer Form sollen die Waren verfallen sein und der Ausrufer in die Gewalt der Lokalbehörde gelangen.

Die Regierungen sowie die geistliche und weltliche Gesetzgebung benützten seit der ältesten Zeit in ausgiebigem Ausmaße das Ausrufen, um die Aufmerksamkeit der Allgemeinheit auf ihre Vorschriften und Gesetze zu lenken. Im

Mittelalter finden wir eine große Anzahl von Mandat- und Gesetzessammlungen, so insbesondere auch eine der Reichsstadt Nürnberg aus dem Jahre 1548, welche die Vorschrift enthalten, daß sie jährlich an einem ersten oder an einem anderen Sonntage auf dem Lande und in allen Städten zu verkünden sind, damit die Gebote „eingedächtiger" seien.

Abb. 4. Deutscher Ausrufer (Büttel).

Ludwig XIII. verordnete in der ersten Hälfte des 17. Jahrhunderts, daß seine Edikte „an allen Straßenecken der Stadt und der Vorstädte mit Trompetenklang und öffentlichen Ausrufungen bekannt gemacht werden, außerdem auch auf Pergamenttafeln in großen Buchstaben in den 16 Vierteln der Stadt an den hervorragendsten und auffälligsten Orten derselben angeschlagen werden sollten, damit sie gesehen und gehört würden".

Diese Gesetzessammlungen mußten auch auf den Kanzeln verlesen werden, damit sich niemand mit Ungewißheit entschuldigen möge. Im Mittelalter bildete überhaupt die Kanzel eine beliebte Form der öffentlichen Ankündigung für alles, das der Allgemeinheit zur Kenntnis zu bringen war.

Das vierte Laterankonzil (1215) verfügte die Aufbietung der Brautleute in der Kirche seitens des Pfarrers, damit dieser Umstand weiteste Verbreitung finde und bis zu einem bestimmten Termine allfällige Rechtsansprüche geltend gemacht werden können. Diese Vorschrift wurde durch das Tridentinische Konzil (1562) und durch das corpus juris evangelicorum ecclesiastici (1738) wiederholt. Die Kanzel wurde aber auch später ständig zur Ankündigung weltlicher Vorschriften benützt. So besagt die Verordnung des Nürnberger Stadtrates vom 28. November 1736, welche die Sanitätsvorschriften gegen die Pest enthält, daß diese Verordnung allenthalben auf den Kanzeln öffentlich zu verrufen sei.

Über die Verwendung der Kanzel für geschäftliche Reklame gibt ein aus dem Jahre 1622 stammendes und in Bayer. Staatsbibliothek befindliches Flugblatt Aufschluß, in welchem dem Augenarzte Balthasar Grose das Recht gegeben wird, seine Kunst durch die Pfarrherren dem gemeinem Manne zu verkünden und ihnen mitzuteilen, wo der Wunderarzt zu finden wäre.

Das Wiener Diarium vom 7. August 1720 berichtet, daß ein Bauer ein Paket, das er abzuliefern gehabt hätte, nicht ablieferte; der Geschädigte ließ zur Eruierung des Täters die Veruntreuung auch auf verschiedenen Kanzeln vermelden.

Über seine Zirkuspropaganda im Jahre 1876 und über ihre Förderung durch die Geistlichen von der Kanzel herab berichtet Phineas Taylor Barnum, daß er entgegen seinem sonstigen Standpunkte der prinzipiellen Verweigerung der Freikarten an Geistliche solche im freigebigsten Ausmaße verteilte. Bezeichnend ist folgende Stelle in seiner selbstverfaßten Biographie:

„Die Geistlichen zeigten sich meist außerordentlich dankbar für die erwiesene Freundlichkeit (Freikarten), und viele von ihnen bezeichneten von der Kanzel herab Ausstellungen und Vorführungen Barnums als durchaus moralisch und lehrreich. Ich gestehe, daß ich auf die Mitwirkung der Prediger angewiesen war, insbesondere draußen auf dem Lande, wo es außer Wochenblättern kaum Zeitungen gab. Da war es wertvoll genug, wenn am Sonntag im Gottesdienst der Zirkus erwähnt wurde. Solche Gunst mußte ich mir unter allen Umständen erhalten."

Besondere Bedeutung gewann die Einrichtung des Ausrufers auf dem Gebiete des Theaters und der öffentlichen Darbietungen (s. Abb. 5). So erwähnt der römische Schriftsteller Apulejus in seinem Werke „Der goldene Esel"

Abb. 5. Quacksalber im Mittelalter.

bereits derartige Ausschreier. Im frühen Mittelalter[1]) wurden in England Herolde herumgeschickt, um jedermann von den bevorstehenden Spielen zu benachrichtigen. Bei den sogenannten Conventry-Spielen benutzten die Prologsprecher diese Gelegenheit, um das Publikum unter Angabe von Ort und Zeit zu der nächsten Vorstellung einzuladen. Ein ähnlicher Brauch bestand auch in Frankreich in dem feierlichen „Cri" knapp vor dem Darstellungsbeginn der Pariser Apostelmysterien (1591).

Schaubuden, Zirkusse, sonstige Volksbelustigungen (s. Abb. 6) und Kinos weisen dem Ausrufer bis auf den heutigen Tag eine wichtige Rolle zu, wobei festzustellen ist,

[1]) Siehe Karl Hagemann, Der Theaterzettel, Verlag Karl Pfefer, Leipzig 1901.

daß diese Unternehmungen derart an der Tradition festhalten, daß sie in den letzten 200 Jahren an dieser Einrichtung fast gar nichts abgeändert haben.

Abb. 6. Ausrufer im Wurstelprater in Wien, 1864.

Der Handel wußte in seinen frühen Zeiten die Ausrufer als Mittel für die erweiterte Publizität zu benützen. Der altrömische Schriftsteller Messenius kündigt in den „Zwillingsbrüdern" als Herold die Versteigerung der ganzen Habe des Menächmus mit Einschluß der Frau „gegen bare Zahlung" an. Eutychus versichert im „Kaufmanne des Platus", er werde alle Ausrufer der Stadt dingen, um die verschwundene Geliebte seines Freundes aufspüren zu lassen.

Die Sorge um den Verkauf seiner Kupferstiche und Holzschnitte veranlaßte Albrecht Dürer, im Jahre 1520 eine Reise in die Niederlande zu unternehmen. Auf dieser verkaufte er seine Blätter selbst und sammelte Aufträge (s. Abb. 7).

Abb. 7. Kupferstichhändler, 18. Jh.
(Wiener Kaufruf, Burgverlag Wien, 1924.)

Bis ins 19. Jahrhundert haben gewisse Handelszweige ihre Geschäfte ausschließlich im Umherziehen mit Hilfe des Ausrufes getätigt. So wurden Tinte, Strohmatten, gewisse optische Artikel, Mäusefallen, Kupferstiche, ausländische Würste, Seilerartikel usw. nur auf diese Weise verkauft (s. Abb. 7 u. 8).

Im Mittelalter liefen die Ladenhalter, um sich die Ausrufer zu ersparen, vielfach selbst vor ihrer Türe auf und ab, hielten Passanten an und schrien: „Was wünschen Sie, meine Herren? Was suchen Sie, meine Damen?" Dann zählten sie eine Menge von Waren zu verlockenden Preisen auf; hatten sie sich heiser geschrien, so mußten die Lehrburschen heraus und ihre Stelle einnehmen.

Kaffeehäuser stellen bis heute mitunter richtige Indier als Ausrufer an, welche den ganzen Tag in ihrem Nationalkostüm vor der Türe des Lokals einherstolzieren und in einzelnen

Abb. 8. Wällsche Würste kauft! 18. Jh.
(Wiener Kaufruf, Burgverlag Wien, 1924.)

Städten sogar jeden Vorübergehenden anrufen: „Kaffee, Herr? Tee? Bitte treten Sie ein, Herr! Eben wird ein frischer Topf bereitet, auf mein Wort!" Das „Buy, buy, what 'll you buy?" der Londoner Metzger ist einer der letzten Überreste dieses alten Brauches.

Selbst die neue Zeit und die neueste Zeit haben die Einrichtung der „Hausierer und Ausrufer" im Handel nicht beseitigt.

In fast allen Großstädten haben noch heute die vagierenden Händler und Sammler ihre bestimmten Formeln der Ankündigung. Der Londoner Milchmann hängt seine verschlossenen Kännchen an die Eisengitter und kündigt sein Erscheinen durch einen unartikulierten Laut an. Der Gebäckhändler läßt vernehmlich seine Glocke reden, die er unaufhörlich die Straßen entlang schwingt. Die Wasserkressehändlerin schreit singend mit Mannesstimme, daß sie prächtige, frische Kresse hat. „Stühle zu flicken!" ist in Deutschland der Ruf des Stuhlflechters; „Sand, weißer Sand!" der des Sandmannes. „Bettstroh!" empfiehlt mit weithin tönender Stimme der Strohhändler; mit „Schereschliep!" kündigt der Scherenschleifer, mit „Hasenfelle" der Fellhändler sein Erscheinen an. Zur Obstzeit sind namentlich die zumeist durch Dialekt verunstalteten Namen der verschiedensten Obstsorten, wie „Kersch'n, Kersch'n!", „Hedebern!", „Äppl, Äppl, Äppl!" usw. in jedem Stadtviertel bis zum Überdruß vernehmbar. Der Handeljude ist in nahezu allen Städten mit seinem singenden nie ermüdenden Rufe „Handel" eine bekannte Erscheinung.

Abb. 9. Die zwei Waisen.
(Reklame durch Sandwichmänner für ein Theaterstück, New-York, Anfang des 19. Jh.)

In Amerika bilden die „Hotel runners", welche den Reisenden gleich am Bahnhofe oder an der Landungsbrücke des Dampfers mit Empfehlungen und Anpreisungen ihrer Hotels überschütten, eine wahre Landplage. Ähnliche Verhältnisse findet man auch heute noch in einzelnen Gebieten Italiens und Polens.

In diesem Zusammenhange sind auch die zweifelsohne sozial bedeutend höher stehenden Handlungsreisenden zu erwähnen. Sie werden in der Regel fast nur mehr von der Industrie und dem Großhandel verwendet; ihre Tätigkeit besteht in dem Aufsuchen von Gewerbetreibenden und Wiederverkäufern, um diese in der Regel durch Vorlage von Mustern und die überzeugende Kraft ihrer mündlichen Darlegungen zu Bestellungen zu bewegen. Ihre soziale Stellung ist vielfach eine sehr angesehene, so daß sie sich besonders in dieser Beziehung von ihren Vorgängern wesentlich unterscheiden.

b) Sandwichmänner u. dgl.

Durch die Verwendung der Ausrufer als Mittel für Reklame kam man auf den Gedanken, auch Menschen und Tiere[1]) in weiterem Umfange der Reklame dienstbar zu machen. Hierbei wurden diese ähnlich wie das Papier einer Zeitung lediglich als Hilfsmittel für Reklame verwendet; Reklamezeichner oder Organisatoren bleiben in diesem Zusammenhang selbstverständlich außer Betracht.

Abb. 10. Reklamefigur für Anleihewerbung aus Japan, 1925.

Menschen und Tiere als Reklamemittel sind unter dem Namen Sandwichmänner (-tiere) allgemein bekannt (siehe Abb. 9 u. 10). Der Name leitet sich daher, weil der Volkswitz in ihnen eine lebendige Verkörperung des in England nationalen Butterbrotes, bestehend aus einem dünnen Fleisch- oder Käsescheibchen zwischen zwei quadratischen, ebenfalls dünnen, entrindeten und gebutterten Weißbrotscheibchen, erkannt hat. Dieses populäre Nahrungsmittel heißt in England deshalb ein Sandwich, weil angeblich sein

[1]) Siehe Artikel „Menschen und Tiere als Reklamemittel" von Mataja, Österr. Rundschau Nr. 5, 1907.

ursprünglicher Erfinder Koch beim Lord Sandwich war. Diese Reklameform geht bis in die zweite Hälfte des 18. Jahrhundert zurück. Bekannt ist aus dieser Zeit die Reklame eines Pariser Schneiders, der seine neuesten Modelle von elegant gekleideten Herren in den Straßen tragen ließ, welche auf dem Zylinder in weißer Schrift Name und Adresse des Erzeugers aufwiesen. Ein findiger amerikanischer Heiratsvermittler

Abb. 11. Gruppe von Standartenträgern für die Leipziger Messe 1925.

ließ ein hübsches Paar durch die Straßen New Yorks führen, wobei der Wagen in großen Lettern die Aufschrift trug: „Dieses Paar wurde durch das Bureau . . . verheiratet".

Aus den Sandwichmännern entwickelten sich dann die verschiedensten Formen, insbesondere die Standartenträger (s. Abb. 11), welche an einer hohen Stange befestigte Plakate tragen. Im Jahre 1902 wurden in Amerika zum ersten Male Sandwichmädchen als Reklame für ein Mittel gegen Zahnschmerzen verwendet (s. Abb. 12). Die Erfinderin eines Haarwuchsmittel, Anna Csillag, verwendet seit Jahrzehnten ihr eigenes Bild als Reklame, damit man an ihren langen Haaren den Erfolg des Haarwuchsmittel erkenne.

Bemerkenswert ist die Reklame einer amerikanischen Zeitung, welche kahlköpfigen Herren „TIT-BITS"-Theater-

Abb. 12. Reklamemannequins für eine Berliner Parfümfabrik.
(Seidel's Reklame, Berlin, 1925.)

sitze in den vordersten Reihen gab. Diese mußten während der Pause andächtig diese Zeitung lesen, auf den Köpfen trugen sie den Namen der Zeitung, so daß sie für das Publikum in den Logen und auf den Galerien eine auffallende Reklame bildeten.

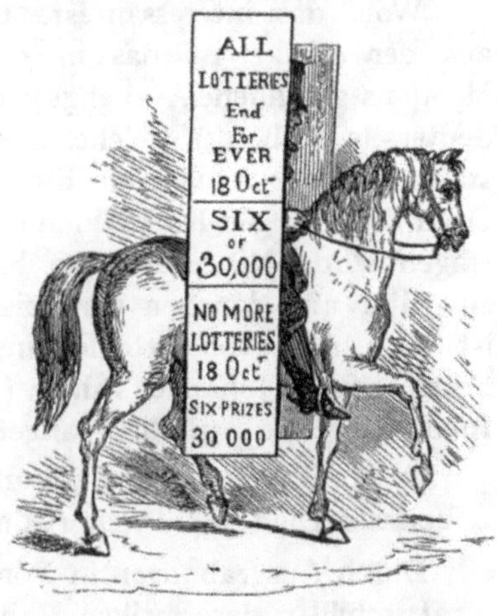

Abb. 13. Sandwichpferd, Londoner Lotteriereklame zu Ende des 18. Jh.

Die Erfinder der Füllfeder ließen in Berlin Damen auf Straßen und Plätzen stundenlang mit Tinte schreiben, so daß sich das Publikum den nieversiegenden Tintenvorrat nicht erklären konnte.

Seit den letzten Jahren benützen große Konfektionshäuser neben den Mannequins noch lebende Modelle in den Auslagen. Solche waren zunächst bei der Wiener Messe 1924 bei einzelnen Firmen zu sehen und nahmen von hier aus den Weg in die Schaufenster einer Reihe großer Firmen. Um 1800 wurde von einer amerikanischen Lotterie zum ersten Male das Sandwichpferd (s. Abb. 13) verwendet.

Bei Zirkusunternehmern ist es beliebt, exotische Tiere mit der Aufschrift des Standortes des Unternehmens durch die Straßen zu führen. So erzählt auch P. T. Barnum über die Reklame für seinen Zirkus im Jahre 1849, daß er zwei mit je zwei Elefanten bespannte Wagen durch den Broadway in New York zu Reklamezwecken auf- und abmarschieren ließ.

III. Das Geschäftsschild.

a) Die antike Zeit.

Das Geschäftsschild hat ebenso wie das Warenzeichen (s. Abb. 87 u. f.) eine gewisse Verwandtschaft mit den bis in die ältesten Zeiten verfolgbaren Wappen.

Schon bei Aristoteles (ca. 350 v. Chr.) finden wir die Stelle: „Er hing das wohlbekannte Zeichen an der Front seines Hauses auf“. Eine Bemerkung, aus der auf die Zunftzeichen ähnlichen Einrichtungen zur damaligen Zeit geschlossen wird.

Wohl das interessanteste uns erhaltene Geschäftsschild aus der Antike ist das in der Nähe des Sarapeums bei Memphis gefundene Aushängeschild eines griechischen Traumdeuters (s. Abb. 14), welches aus dem 3. Jahrhundert vor Chr. stammt. Das Schild hat die Form eines Tempels, dessen Dach von zwei als Karyatiden dargestellten Ägypterinnen getragen wird. Mit schwarzer Farbe ist auf der Steinplatte ein Altar und daneben ein Apissier aufgemalt; über diesem ist nach dem von Otto Rubinsohn entzifferten und in der Festschrift für Johannes Vahlen (Berlin 1900) wiedergegebenen Inhalt folgende Aufschrift angebracht:

„Ich, ein Kreter, deute die Träume in der Gottheit Auftrag.
Verlasse Dich auf Tyche (Göttin des Zufalls)!“

Durch Ausgrabungen in Pompeji[1]) sind wir über die Geschäftsschilder der antiken Zeit ziemlich genau informiert,

[1]) Siehe Overbeck, Pompeji, Verlag W. Engelmann, Leipzig.

da diese Stadt infolge eines Ausbruches des Vesuv am 24. August des Jahres 79 nach Christi durch einen Regen von Lapilli und Asche verschüttet und so in seiner ursprünglichen Form geradezu konserviert wurde.

Abb. 14. Aushängeschild eines griechischen Traumdeuters, 3. Jh. v. Chr.

Die Pfeiler der Geschäfte (s. Abb. 15 bis 17) rechts und links von der weiten Öffnung wurden dazu benutzt, um die Aushängeschilder und *Ladenzeichen aus Ton* einzulassen oder häufiger noch *anzumalen*. Diese angemalten oder plastischen Ladenzeichen bieten uns denn auch die Möglichkeit, die ursprüngliche Bestimmung des einen und des anderen Ladens in Pompeji nachzuweisen. Ein *Milchhändler* z. B. in einem Laden der Thermen hat eine Ziege an seinem Ladenpfeiler in Terracottarelief angebracht, ein *Bäcker* die Reliefdarstellung einer von einem Maultier getriebenen Mühle, an dem Ladenpfeiler eines *Weinhändlers* fand man ebenfalls in Tonrelief zwei Männer, die eine Weinamphora (zweihenkeliges Tongefäß) an einem Stock auf den Schultern tragen, während ein anderer einen recht leidlichen Bacchus, der eine Traube ausdrückt, auf seinen Ladenpfeiler hatte malen lassen.

Andere Zeichnungen auf den Pfeilern sind ihrer Bedeutung nach nicht ganz sicher, so der Anker auf dem Eingangspfeiler der Casa del ancora, das Schiff auf einem Pfeiler der Casa del naviglio; das letztere betrachtet man als das Zeichen des Verkaufs der zur Schiffahrt nötigen Gegenstände. Zweifelhaft ist auch die Bedeutung der mehrfach an Schenken vorkommenden Schach- oder Damenbretter; da aber die Alten das Brettspiel kannten, so mag durch diese Aushängeschilder angezeigt worden sein, daß man in diesen Lokalen auch sein Spielchen machen konnte.

Abb. 15. Zeichen eines Tünchers im antiken Pompeji, 1. Jh. n. Chr.

Ein einzeln vorkommendes Schild eines Ladens an den Thermen neben dem des Milchhändlers, welches einen Gladiatorkampf darstellt, dem Laden den Namen „Gladiatorschule"

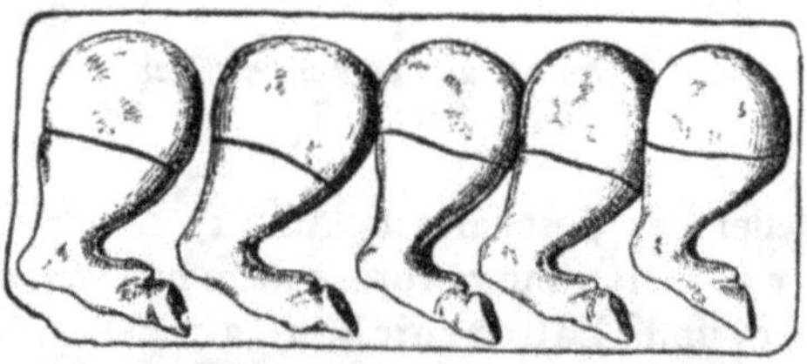

Abb. 16. Zeichen eines Fleischers (Schinken) im antiken Pompeji, 1. Jh. n. Chr.

verschafft hat und an die Verse des Horaz Sat. 2. 7. 71ff. erinnert, erklärt sich vielleicht aus der Vergleichung der Sitte in modernen Matrosen- und Handwerkerkneipen, auf deren Schildern die Gäste oft abgebildet zu sehen sind. Der Laden wäre demnach besonders von Gladiatoren besucht worden. Unter diesem Bild steht in einer dem Stande der Gäste angemessenen Orthographie „ABIA VENEREM POMPEIIANAM IRADAM QUI HOC LAESERIT" (d. i. habeat Venerem

Pompeianam iratam qui hoc laeserit = den Beschädiger möge eine venerische Krankheit treffen), also eine Verwünschung dessen, welcher das schöne Gemälde beschädigen sollte; merkwürdig außer durch die Orthographie, Grammatik und die Nennung einer pompejanischen Venus ist dieser Fluch auch durch die Übereinstimmung mit einer noch heute in Neapel gebräuchlichen Verwünschungsformel: abbia la Venere!

Außer den Ladenzeichen und den ihnen verwandten Zeichen wurden auf die Pfeiler der Läden vielfach noch die bekannten symbolischen Schlangen, ähnlich dem Pentagramm (Drudenfuß) in Deutschland, als talismanische Zeichen zur Abwehr von Unheil angemalt, hier und da wohl auch noch ein anderer Schutzgenius (genius loci).

Auf den Wirtshausschildern (insignia) in Pompeji waren reklameartige, ja sogar bildliche Darstellungen angebracht. So sehen wir auf dem Schilde des Wirtshauses „Zum Elefanten" dieses Tier, geführt von einem kleinen Manne, abgebildet. Die Anschrift sagt uns, daß Sittius den „Elefanten" erneuert hat und daß „hospitium hic locatur, triclinium cum tribus lectis et commodis" = hier befindet sich ein Gasthof mit drei Logierzimmern (Baumeister, Denkmäler des klassischen Altertums, Bd. 1, 1885, S. 236). Der Busch war als Wirtshauszeichen ebenfalls bereits bei den Römern zu finden. Bezeichnend hierfür ist das lateinische Sprichwort „Vino vendibili hedera non opus est", das sich übrigens auch in England findet „good vine needs no bush" und auf deutsch heißt „für einen guten Wein braucht man keinen Busch".

Abb. 17. Zeichen eines Gastwirtes im antiken Pompeji, 1. Jh. n. Chr.

b) Das Wirtshausschild im Mittelalter.

Im Mittelalter erreichte das Geschäftsschild seine früheste und reichste Blüte in seiner Eigenschaft als Wirtshauszeichen[1]) (s. Abb. 18 bis 24). Ursprünglich in der Form eines Schildes, meist mit dem daraufgemalten Hauszeichen, trifft man später die mannigfaltigsten Gestaltungen, welche dem Eintretenden oder Vorübergehenden den Namen der Gaststätte bekannt gaben.

Die frühesten dieser Bezeichnungen hatten christlich-symbolische Bedeutung und suchten dadurch zugleich „Reklame" zu machen. So wurden etwa der Kirchenpatron oder andere weitherum gekannte Heilige, auch Engel, sei es als Vollfiguren oder als Relief in Holz oder Stein, an den Gasthäusern angebracht; schließlich begnügte man sich aber auch mit dem Abzeichen der betreffenden Heiligen. So ist der Name des „Bären", sofern er nicht das Wappentier der Stadt Bern charakterisiert, sicher mit dem heiligen Gallus, der mit dem Bären abgebildet wird, in Beziehung zu setzen. „Krone" und „Stern" deuten auf die Heiligen drei Könige, die Weisen aus dem Morgenlande. „Schwert" und „Schlüssel" gehören zu dem heiligen Petrus, wenn sie nicht etwa von den Hoheitszeichen des Papstes und des Kaisers abstammen. Der „Adler" ist das Tier des Apostel Johannes, der „Löwe" das des heiligen Markus. Wirtshäuser an Poststraßen pflegen oft „Rößli" genannt zu werden, teils in Beziehung auf das Roß des heiligen Martin von Tours, teils aber, weil an diesem Orte eine Reit- oder Fahrgelegenheit zu finden war. Das „Schiff" stand wohl ursprünglich an Landungsplätzen; diese Bezeichnung wurde dann auch anderweitig übertragen. Zu dieser Kategorie sind auch die erwähnten Gasthäuser zu den „Drei Königen" oder den „Drei Mohren" zu rechnen, welche sich an großen Verkehrsstraßen befinden; jene waren die Schutzpatrone der Reisenden, weil sie ja dem Stern von Bethlehem aus fernsten Landen nachgezogen sind.

Neben diesen aus religiös-symbolischen Motiven entstandenen Wirtshausbezeichnungen finden wir auch solche, deren Wappen mit dem der Stadt, des Landes oder des weltlichen oder geistlichen Landesherren, benachbarter Klöster usw. in Beziehung standen. Die Wurzel dieser Gepflogenheit

---

[1]) Siehe A history of advertising von Henry Sampson. Verlag Chatto & Windus, London 1874.

Orell Füßlis illustrierte Wochenschau, Zürich, Nr. 36, 1925.

liegt einerseits darin, daß das Wirtshausrecht im Mittelalter von den Obigen zunächst (12. und 13. Jahrh.) selbst ausgeübt und dann auch verliehen wurde, und anderseits darin, daß die Adeligen während ihrer Abwesenheit ihre Häuser vielfach für Unterkunftszwecke vermieteten und ihr Wappen als charakteristisches Merkmal des Hauses zu seiner Bezeichnung verwendet wurde. Als Beispiele seien angeführt das „Kreuz" und der „Schlüssel" in Schwyz und Unterwalden; in den alten ehemaligen Kyburgischen und Habsburgischen Landen der „Leu", vom Löwen, dem Wappentier dieser Herren; im alten Untertanengebiete der Grafen von Savoyen ebenfalls das „durchgehende Kreuz", in dem der Grafen von Greyerz der „Kranich". In reichsfreien Städten finden wir oft den „Adler", ebenso in den Gegenden, wo einst das Banner der Herren von Froburg oder Eptingen wehte. Unter der Herrschaft des Krummstabes sehen wir den „Engel".

Da die Zunfthäuser, Gesellschafts- und Zunftstuben meist auch Trinkgelegenheiten und Unterkunftsstätten für wandernde Gesellen boten und der Geselligkeit dienten, finden wir in den meisten Städten auch ihre Schilder und Zeichen an diesen Häusern: So die „Kaufleute", auch die Zunft „zum Schlüssel" genannt, dann die „Weber", abgekürzt, „zu Webern", weiter dann „zu Weinleuten" oder zur „Gelten", auch „zu Wirten", „zur Rebleuten, zum Rebhaus", womit dann „Rebstock" und ähnliche Namen zusammenhängen.

Ins politische Gebiet bringen uns die „Gilge, Lilie". Als Wappenbild des französischen Königs bezeichneten sie ursprünglich den Ort, wo sich dessen Anhänger trafen. Die meisten dieser Benennungen rühren noch aus dem 16. Jahrhundert her. Im Gegensatz dazu steht der Adler, das Wappentier Österreichs und des „Heiligen Römischen Reichs deutscher Nation". In Frankreich treffen wir die „Krone" und das „Kreuz" als Symbol der Parteigänger der Herzoge von Savoyen.

Im Gegensatz zu den Zunfthäusern und den Abzeichen mit politischer Bedeutung finden wir noch eine Unmenge von Wirtshäusern mit Namenbedeutungen, die aus der Heraldik und dem Waffenwesen hergenommen sind, dann aus dem gestirnten Himmel, dem Tier- und Sachenreich, desgleichen aus phantastischen und grotesken Gebieten. Kurz, die Wirtshausnamen wurden von allen möglichen und unmöglichen Dingen hergeleitet. Neben „Krone“, „Schild“, z. B. zum „französischen Schild“, folgt die Benennung nach Ländern, Städten und Fürsten, das „weiße, rote und goldene Kreuz“; der „Helm“, das „Schwert“ ohne Beziehung zum heiligen Petrus, und der „Hutt“ nebst ähnlichen gehören in diese Reihenfolge. Auch nach der ausgeschenkten Weinsorte sehen wir Benennungen, so „zum Elsässer“.

Von himmlischen Zeichen treffen wir: die „Goldene Sonne“, den „halben Mold“, den Vollmond merkwürdigerweise nie, dann den „goldenen Stern“, ja sogar einen „schwarzen“. Von Säugetieren sind anzuführen: der in anderer Beziehung erwähnte „Löwe“, als „goldenen“ oder „roten Leuen“, nebst dem „Bären“, als „schwarzen, braunen Mutz“. Es folgt das weitverbreitete „weiße Rößli“, der „schwarze“ und „rote Ochsen“, der „goldene Hirschen“, der „fliehende Hirzen“, das „Hirschli“, das „Böckli“, „Rehböckli“, der „Steinbock“, der „Widder“ und die „Gemse“; dazu gehört das „Hörnli“, sofern es kein „Posthörnli“ ist. Beliebte Tiernamen sind auch: „Lamm“ und „Schäfli“, beide können golden oder weiß sein. Selten ist der Hund, er kommt vor in Gestalt des „Weißen Wind“ (Hund). Von kleineren Tieren ist der „Hase“ zu erwähnen, von fremden das „Kamel“, der „Kämbel“. Daneben sind auch fabelhafte Tiere vertreten, so z. B. das „Eichhorn“ oder der „Greif“.

Einen weiten Platz nimmt auch die Vogelwelt ein. Am häufigsten treffen wir den ein- oder doppelköpfigen „Adler“, als „goldenen, gekrönten, schwarzen“ oder „roten“ Typus. Zu dieser Familie gehören der „Falke“ und „Sperber“; dann sehen wir den „Storchen“, „Pfauen“, „Schwanen“, „Raben“, „Hahn“ und die „Henne“, „Taube“, „Enten“, „Gans“. Die exotischen Vögel sind vertreten durch den „Strauß“, „Pelikan“ und den „indischen Hahn“.

Unter den Fischen ist der „Hecht“ am häufigsten, auch der „Aal“ zeigt sich vereinzelt. Zum Pflanzenreich sind zu zählen „Tanne“, „Linde“, „Lindenhof“ usw. Dann die „Blume“ und besonders die „Rose“, „Traube“ und die schon erwähnte „Lilie“.

Neben all diesen Wirtshausnamen stoßen wir noch auf eine ganz eigene Art von Bezeichnungen, meist grotesk-satirischer oder phantastischer Art, so der beliebte „Wilde Mann", dann der „Affe", meist menschlich karikiert. Zu dieser Gattung gehören auch der „Tiergarten", die „Löwengrube",

Abb. 18. Schmiedeeiserner Arm für Aushängeschilder. (Germanisches Museum, Nürnberg.)

der „Affenwagen" und der „Affenkasten". Verwandt sind Namen wie der „krumme Fisch", „Schnabel", „Besen", die „Fledermaus", der „Kropf" und der Kopf als menschlicher Körperteil, z. B. „Mohrenkopf".

Abb. 19. Hölzernes Wirtshausschild „Zum Kindli", aus Zürich, Ende 17. Jahrhundert. (Schweizerisches Landesmuseum, Zürich.)

Alle diese Wirtshauszeichen, von denen sich ja noch ein guter Teil an Ort und Stelle erhalten hat, waren, wenn auch nicht immer Kunstwerke, so doch gute Schöpfungen handwerklicher Kunst, mochten sie nun aus Holz- oder Steinfiguren bestehen, aus Wandgemälden, gemalten Bildern und Schildern oder aus Blech- und Schmiedeeisenarbeit.

Abb. 20. Hölzernes Wirtshausschild „Zum goldenen Sternen", aus Zürich, 1670.
(Schweizerisches Landesmuseum, Zürich.)

Gute Vertreter dieser Arbeiten vom 16. bis tief ins 18. Jahrhundert hinein haben sich insbesondere in einer Reihe von schweizerischen Museen erhalten. Als Beispiel seien aus dem schweizerischen Landesmuseum in Zürich angeführt das älteste Stück, das ist die kupfergetriebene Vollfigur eines Löwen aus dem freien Amt im Aargau, um 1600, ferner findet man dort teilweise sehr originelle Holztafeln, wie die vom „Kindli" in Zürich: „Hie zum Kindli" (s. Abb. 19), mit den Wappen der acht alten Orte aus dem 17. Jahrhundert, eine holzgeschnitzte Tafel „zum Affenwagen" 1624, mit der humoristischen Darstellung eines mit Affen besetzten Reisewagens, die Tafeln „zum goldenen Sternen" (s. Abb. 20), 1670, „Hie zum Rößlein" (s. Abb. 21), 1690, beide aus Zürich wie die obige, weisen

Abb. 21. Hölzernes Wirtshausschild „Zum Rößli", aus Zürich, 1690.
(Schweizerisches Landesmuseum, Zürich.)

Abb. 22. Hölzernes Wirtshausschild „Zum gälben Hörnli", aus Zürich, 1718.
(Schweizerisches Landesmuseum, Zürich.)

ebenfalls die Wappen der acht alten Orte auf. Das 18. Jahrhundert ist auch dort vertreten mit einem Schild aus Zürich, „zum gälben Hörnli" (s. Abb. 22), 1718, auch mit der beliebten Darstellung der acht Orte, welche dann später durch die Wappen der dreizehn eidgenössischen Stände abgelöst wurden.

Abb. 23. Der Affe, in Stein gehauenes Zeichen eines Wirtshauses in Philipp Lane, nahe bei London, 1670.

Um diese Zeit verschwinden die hölzernen Wirtshauszeichen und machen allgemein den schmiedeeisernen Platz. Wir finden da die Namen „zur Traube, zum Löwen, zum schwarzen Sternen, zur Sonne", „zum Aal", „zum Storchen" und „zur Krone", eine Blechtafel „zur St. Marie Magdalena" usw.

c) Das Schild des Gewerbetreibenden und Händlers.

Sowie das Embleme der Wirtshäuser der Strohwisch war und als Schutzzeichen auch noch der Drudenfuß verwendet wurde, hatte fast ein jedes Gewerbe seine ihm eigentümlichen Embleme, die später im Mittelalter und in den ersten Jahrhunderten der Neuzeit zu förmlichen Zunftwappen und zu Innungszeichen ausgebildet wurden. Der Gebrauch dieser Gewerbeembleme genügte den Gewerbetreibenden, zur Geschäftsbezeichnung (s. Abb. 25 u. 26) solange noch nicht die einzelnen Zünfte besondere Stadtteile und Straßen angewiesen erhalten hatten, sondern ihre Läden in buntem Wechsel in die Straßenfronten einfügten und auch die Konkurrenz noch nicht übermäßig ausgebildet war.

Im späten Mittelalter erhielten hingegen, namentlich in den deutschen und französischen Städten, die einzelnen Gewerbe besondere Straßen angewiesen, Metzger, Bäcker, Schmiede, Kleiderhändler, Gerber usw., wo sie in kleinen offenen Läden ihren Beschäftigungen nachgingen. Bei einem derartigen Zusammendrängen vieler Vertreter ein und desselben Gewerbes entsprachen die Innungsembleme ihrem eigentlichen Zwecke als Ladenzeichen und vor allem Unterscheidungszeichen nicht mehr und so suchten sich die einzelnen Handwerker durch neue, ihrem Geschäfte ausschließlich eigene Zeichen von den Nachbarn zu unterscheiden. Mit der Kunst des Lesens waren damals nur wenige vertraut und so würde das Aushängen eines Schildes mit dem Namen des Händlers völlig nutzlos gewesen sein.

Abb. 24. Zeichen einer Branntweinschenke. 17. Jahrhundert.

(Germanisches Museum, Nürnberg.) Phot. Christoph Müller.

Man adoptierte daher ähnlich wie dies bei den Wirtshausschildern der Fall war, figürliche Objekte (s. Abb. 28 bis 30), man malte sie direkt auf die Mauer, hing Tafeln mit Gemälden aus, man stellte an den Eingängen leicht erkennbare Schnitzereien, Statuetten u. dgl. aus. Die Tafeln mit den Gemälden baumelten an eisernen Trägern, die entweder in die Wand des Hauses eingelassen oder in Front desselben in die Erde gerammt waren. In beiden Fällen war der eiserne Träger mit Ornamenten und Schnörkelwerk reich verziert. Auch wurden an quer über die Straßen gespannten Seilen Banner ausgehängt, auf denen das Zeichen des Händlers mit schreienden Farben wiedergegeben war.

Die auf den Schildern befindlichen Darstellungen hatten sehr häufig mit dem Gegenstand des Unternehmens gar nichts zu tun, sie sollten in erster Linie die Aufmerksamkeit erregen und als bemerkenswert und zur Unterscheidung von anderen in der Erinnerung des Kunden bleiben.

Die Stoffe hierzu wurden aus der Bibel, der Geschichte, der Heraldik, der Tier- und Pflanzenwelt, der Komik usw. entnommen. Die englische Zeitung „Spectator" vom 2. April 1710 enthält eine ausführliche Besprechung des Themas „Geschäftsschild"; der Artikelschreiber führt unter anderem aus: „Ich würde anordnen, daß jedes Geschäft ein Zeichen benütze, welches einige Verwandtschaft mit den Waren besitzt, mit welchen es handelt. Was kann aber unzusammenhängender sein als ein Kupplerhaus mit dem Zeichen eines Engels oder ein Schneider mit dem eines Löwen? Ein Koch soll sich nicht nennen „Zum Stiefel" und ein Schuster nicht „Zum gerösteten Schwein"; schließlich noch als Beweis der Notwendigkeit dieser Regelung habe ich einen Ziegenbock als Zeichen eines Parfumeurs und den Kopf des französischen Königs als Zeichen eines Schwertfegers gesehen."

Abb. 25. Zunftzeichen eines Schlossers, 1659, 75 cm hoch.
(Germanisches Museum, Nürnberg.)

In England[1]) waren die Händler sogar gesetzlich gezwungen, ein Zeichen vor ihren Kaufläden anzubringen;

Abb. 26. Zunftzeichen eines Hutmachers, 1833, 43 cm hoch.
(Germanisches Museum, Nürnberg.)

so wurde 1393 ein Brauer in Chelsea angeklagt, „for not putting up the usual sign" wegen unterlassener Anbringung

[1]) Siehe The history of signboards von Jakob Laarwood and John Camden Hotten, London, Chatto & Windus, 1866.

des Zunftzeichens. Und in den alten englischen Parlamentsrollen heißt es Band 5, Seite 426a: „Wer immer in der Stadt Cambridge Bier zu brauen begehrt mit der Absicht, dasselbe zu verkaufen, muß ein Zeichen aushängen, andernfalls sein Bier weggenommen wird.“

In Frankreich herrschten dieselben strengen Vorschriften, so wurden 1567 durch ein Edikt die Gastwirte von

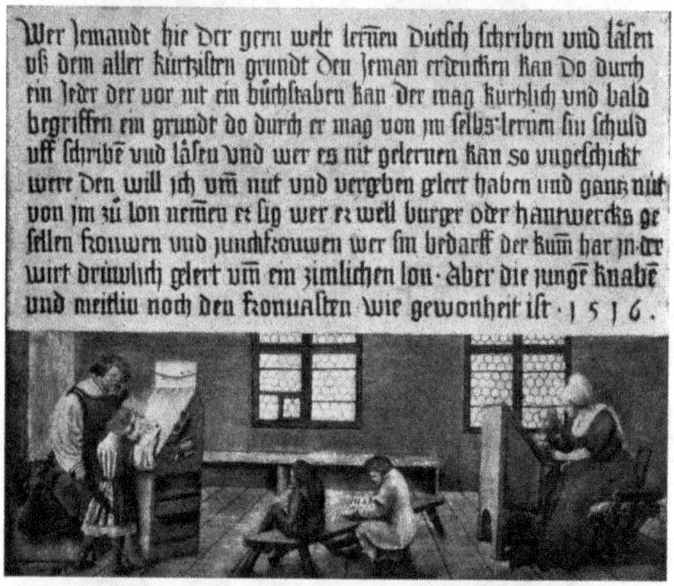

Abb. 27. Hans Holbein d. J. — Aushängeschild eines Schulmeisters, 1516.
(Öffentliche Kunstsammlung, Basel.)

Moulins aufgefordert, dem Magistrate ihre Namen, Adressen und ihre „enseignes“ (Geschäftszeichen) mitzuteilen; Heinrich III. verordnete im März 1577, daß alle Kaufleute Aushängeschilder und Zeichen an ihren Häusern befestigen sollten, damit jedermann, auch der nicht des Lesens kundig wäre, sich sofort zurechtfinden möge. Dieselbe Bestimmung erließ auch Ludwig XIV. im Jahre 1693, und es heißt in seinem Edikt Art. XXIII: „Gasthofbesitzer haben Zeichen und einen Busch auszuhängen . . . Niemand soll es erlaubt werden, in besagter Stadt und in ihren Vororten ein Gasthaus zu eröffnen, ohne es mit Zeichen und Busch zu versehen. Eine ähnliche Vorschrift besteht auch gegenwärtig noch in der Schweiz.

Abb. 28. Schild eines „Läufers", 1790, welcher vor dem Wagen der Vornehmen vorauszulaufen pflegte, um den Weg frei zu machen.

Das Zeichen der Apotheker war Mörser und Stößel, die wohlbekannten Instrumente, um die Gewürze zu zermahlen und Pulver zu bereiten, das der Optiker die Brille und das Fernrohr (s. Abb. 31). Die Barbiere hängten eine Reihe ihrer metallenen Seifenbecken aus oder kennzeichneten ihre Stube durch

Abb. 29. Geschäftszeichen in Dublin (Irland) ohne Bezug auf die Branche, nur zum Zwecke des Erregens von Aufmerksamkeit.

(Motiv aus der Ballade: Millers maid grindung old men young = Müllers Mädchen mahlt Alte zu Jungen.)

einen vor der Türe eingerahmten buntbemalten Pfahl, welch letztere Sitte noch heute in England und den Vereinigten Staaten üblich ist. In Konstantinopel, wo der Barbier zugleich auch Wundarzt und Zahnreißer ist, hängt er wohl auch die von ihm ausgezogenen Zähne, zu hübschen Ornamenten zusammengereiht, im Schaufenster aus.

Die Kartenmacher hatten den die Weltkugel auf seinen Schultern tragenden Atlas zum Symbol, die Kaufleute Merkur, den Gott des Handels; Bierwirte den Gambrinus; Weinschenken den Bacchus, Goldschmiede pflegten das Einhorn oder einen goldenen Arm mit einem Hammer, Buchhändler den Kopf eines Gelehrten, das Porträt Homers, Shakespeares oder Miltons über der Türe zu befestigen. Leih- und Pfandhäuser kennzeicheneten sich durch drei goldene Kugeln über dem Eingang des Hauses. Dieses in Amerika noch übliche Zeichen ist dem Wappen der Medici entnommen, aus deren Staaten im Mittelalter vornehmlich viele Geldwechsler kamen. Schließlich waren auch die Abbildungen hervorragender Männer, welche einstmals der Branche angehört hatten, ein beliebtes Geschäftszeichen, s. z. B. das Bild des Paracelsus für die Apotheker oder auch die Bilder von Orten, in welchen die im Laden verkauften Waren erzeugt wurden.

Abb. 30. (Nackter Mann) Schild eines Schneiders, 1542, in Moor fields. (Darunter Vers „So fickle is our English nation J would be clothed, if I knew the fashion = So unbeständig ist die englische Nation, daß ich bekleidet wäre, wenn ich ihre Mode kennen würde.“)

Derartige Ladenzeichen wurden mitunter in künstlerischer Weise ausgeführt. Über ein in London angebrachtes Zeichen berichtet der „Spectator“ vom 8. Jänner 1743: „Als wir die Ludgate-Straße entlang schritten, gewahrten wir eine Menge Menschen, welche ihre Blicke auf das äußerst splendide Aushängeschild ‚Königin Elisabeth‘ gerichtet hielten, welches

Zeichen bei weitem alle anderen in dieser Straße an künstlerischer Ausführung, an Schnitzarbeit und Pracht der Vergoldung übertrifft. Es ist in der Tat eher einem Kabinettstück einer Galerie gleich, als einem Straßenschilde."

Abb. 31. Geschäftsschild eines Optikers und Uhrmachers, 1781.
(Germanisches Museum, Nürnberg.) Phot. Christoph Müller.

d) Kuriose Geschäftszeichen.

Welche Summen mitunter einzelne Kaufleute auf ein besonders effektvolles Aushängeschild verwendeten, beweist die Tatsache, daß dem Maler Clarkson für das Zeichen „Shakespeare", welches in Little Russell Street, Drury Lane, London, zu sehen war, 500 Pfund Sterling bezahlt wurden.

Weithin berühmt in englischen Landen war das Aushängeschild des Wirtshauses „Zum weißen Herz" zu Scole, Norfolk, wohl das größte und kostbarste aller jemals gefertigten Aushängeschilder. Über dasselbe sind mehrere Beschreibungen erhalten, so eine aus dem Jahre 1663, eine zweite aus dem Jahre 1655, ferner existiert ein 1740 gefertigter Stich, betitelt: „Die Nord-Ostseite des Zeichens ‚Zum weißen Herz' zu Scole in Norfolk, errichtet im Jahre 1655 von James Peck, einem

Kaufmann zu Norwich. Es kostete 1057 Pfund Sterling" (über 21000 Mark). Eine Beschreibung lautet:

„Das Zeichen reichte über die ganze Straße gleich einem Triumphbogen hinweg, war an der einen Seite mit der Wand des Wirtshauses verbunden und ruhte auf der andern auf einer aus Mauerwerk bestehenden Stütze, so daß selbst Wagen bequem unter dem Zeichen passieren konnten. Der künstlerische Schmuck des Schildes zerfiel in mehrere Teile oder Felder, deren erstes den vom Walfisch ausgespienen Jonas zeigte. Das zweite ward ausgefüllt durch einen Löwen, der das Wappen von Groß-Yarmouth hielt. Im dritten Felde war Bacchus, im vierten das Wappen von Lindley, im fünften das Wappen von Hobart, im sechsten ein auf seiner Flöte blasender Schäfer zu sehen. Im siebenten und achten Felde hielten Engel die Wappen von Master und Miß Peck. Im neunten Felde erblickte der Beschauer das Zeichen des Wirtshauses selbst, das „weiße Herz" mit der Inschrift: „Implentur veteris Bacchi pinguisque ferinae. Anno Dom. 1655." Daran schlossen sich im zehnten Felde das Wappen des Elsar von Yarmouth, im elften das des Herzogs von Norfolk an. Numero zwölf zeigte Neptun auf einem Delphin, dreizehn ward durch einen das Wappen von Norwich haltenden Löwen ausgefüllt. Im vierzehnten Felde war Charon dargestellt, eine Seele zum Hades führend. In Nr. 15 wachte der Cerberus. Nr. 16 ein Jäger. Im folgenden Felde war Actaeon sichtbar, seine Hunde mit den Worten anrufend: „Actaeon ego sum, dominum cognoscite vestrum." Im Felde 18 kehrte das „weiße Herz" wieder, darunter der Name des Verfertigers des Zeichens „Johannes Fairchild, struxit." Die allegorischen Figuren „Prudentia", „Fortitudo", „Temperentia" und „Justitia" füllten die Felder 19 bis 22. Eine Diana war im 23. Felde. Im folgenden war „die Zeit, ein Kind verschlingend", darunter die Worte „Tempus edax rerum". Den Schluß des Ganzen bildete ein auf einem Globus sitzender Astronom, der infolge einer sinnreichen Anordnung zugleich als Wetterprophet diente und sein Gesicht stets dorthin wendete, von wo guter Wind und gutes Wetter zu erwarten waren. Dieses monströse, in Balladen und Gesängen vielgenannte Zeichen verschwand nach mehr denn einhundertjährigem Bestehen gegen Ausgang des vorigen Jahrhunderts."

Einzelne, die es ihren Konkurrenten in Kostbarkeit ihrer Zeichen zuvortun wollten, gewannen mitunter bedeutende Künstler dazu, ein Aushängeschild für sich zu malen (siehe Abb. 27). So wird von dem in der Galerie Sutherland befindlichen Bilde „Maultiertreiber mit einem Maulesel" behauptet, daß Coreggio dasselbe als Aushängeschild für eine Wirtschaft gemalt habe. Das gleiche sagt man dem jetzt im Museum zu Haag aufbewahrten Gemälde Paul Pooters „Der junge Bulle" nach, ferner zweien Bildern Holbeins im Museum zu Basel. Goujon malte zu gleichem Zwecke eine „Susanne im Bade"; bekannt ist ferner, daß auch Guericoult, Watteau und Horace Vernet in ihren jüngeren Jahren derlei Zeichen geschaffen haben. Zu großer Berühmtheit gelangte am Rhein „der goldene Propfenzieher" durch sein Wirtshausschild, mit welchem der Maler Schröter in Oberwesel seine aufgelaufene Rechnung beglich.

Suchten so einzelne Kaufleute und Händler durch die Kostbarkeit ihrer Zeichen Aufsehen zu erregen, so suchten andere durch Absonderlichkeit, durch die Größe und den Umfang ihrer Aushängeschilde die Aufmerksamkeit des Publikums zu wecken. Je mehr Rot und Gold an die Schilder verwendet wurde, je größer und absonderlicher dieselben waren, desto mehr erfüllten sie ihren Zweck.

Hatten die Regierungen und Stadtbehörden früher das Anbringen von Zeichen verordnet und befohlen, so sahen sie sich später genötigt, strenge Maßregeln zu ergreifen, um die Ausschreitungen der Gewerbetreibenden zu beschränken, denn die ohnehin engen Straßen und Gassen wurden durch die abnorm großen Zeichen vollends versperrt. Die das Hereinfallen und Verbreiten des Tageslichtes und des Laternenscheines hindernden Aushängeschilde wurden tatsächlich ein Übelstand, über den in zahlreichen Reiseschilderungen jener Zeit Klage geführt wird.

Ein im Jahre 1765 England bereisender Franzose, Grosley, berichtet: „Es fiel mir nichts mehr auf, als die enorme Größe der Warenhäuser-Zeichen, der lächerliche Prunk der Ornamente, mit denen diese Zeichen überladen sind und die Höhe der triumphbogenartigen Stützen dieser Zeichen." Die Pariser litten nicht minder unter diesen „Enormitäten". So sagt ein Schriftsteller des 17. Jahrhunderts: „Mächtige Guirlanden baumelten an den Außenwänden der Verkaufsläden; einzelne Perlen waren so groß wie Sauköpfe und die Federn reichten bis zum dritten Stockwerk hinauf."

Schon 1419 hatten die Stadtbehörden von London anzuordnen, daß die „Ale-stakes", die in der Front der Wirtshäuser angebracht waren, nicht länger als sieben Fuß sein dürften, da sie den Reitern hinderlich wären; desgleichen mußten diejenigen Zeichen, welche durch ihr übermäßiges Gewicht den Häusern Schaden zufügen könnten, bis zum St. Michaeltage entfernt werden, widrigenfalls man in eine Strafe von 40 Pence verfalle.

Im Jahre 1718 riß ein derartiges überschweres Aushängeschild in Brides Lane, Fleet-Street, London, durch sein Gewicht die ganze Frontseite des Hauses ein, an welchem es befestigt war; bei dieser Gelegenheit gingen vier Menschenleben verloren. Derartige Vorkommnisse, die sich auch in anderen Städten sehr oft ereignet haben mögen, veranlaßten die Behörden, noch schärfere Gesetze bezüglich des Aushängens der Zeichen zu erlassen.

In Frankreich wurden 1669 die übermäßig hohen und schweren Zeichen verboten, nachdem bereits am 17. September 1761 in Paris befohlen worden war, daß innerhalb eines Monates alle Aushängeschilder gegen die Wand geheftet werden müßten. Sie durften von der Hauswand nicht weiter als 4 Zoll abstehen, auch durften die Ornamente nicht weiter in die Straßen hineinragen. Die Zeichen und ihre eisernen Träger mußten ganz beseitigt werden, damit die Passage frei werde.

In London wurden im November 1762 die gleichen Verfügungen erlassen und so verschwanden allgemach die Ladenzeichen, die überdies durch die immer mehr eingeführten Firmenschilder überflüssig geworden waren.

e) Die neueste Zeit.

Als um Mitte des 19. Jahrhunderts die Kenntnis des Lesens und Schreibens den weitesten Kreisen zugänglich wurde, bildeten die verschiedenen Namen der Firmeninhaber und Geschäfte hinreichende Unterscheidungsmöglichkeit.

An die Stelle des Zeichens, des Symbols, trat das geschriebene Wort, und wenn sich hie und da ein Geschäftshaus auch noch eines Zeichens bediente, so hat das Firmaschild im großen die Ladenzeichen überall verdrängt. Nur hie und da sieht man eine riesige, hölzerne Flinte, einen übermäßig großen Handschuh, einen vergoldeten Riesenstiefel oder eine Riesenbrezel aushängen, daneben oder darüber prangt auch sicherlich stets in fußhohen Lettern der Name des Ladenbesitzers.

Im allgemeinen war man davon abgekommen, durch ein möglichst absonderliches Geschäftsschild die Aufmerksamkeit des Käufers zu erregen.

Auch auf die Ausführung der Ladenzeichen wurde nicht mehr dieser große Wert gelegt. Wurden sie früher mit besonderer Sorgfalt, ja oft sogar von führenden Künstlern wie Holbein, Correggio, Goujon, Watteau u. dgl. hergestellt, so wurde nun ihre Erzeugung dem Gewerbe überlassen. Selbst ein Künstler von mittlerer Bedeutung würde derzeit die Herstellung eines Ladenschildes zurückweisen. Die künstlerische Betätigung auf dem Gebiete der Reklame ging eben von dem Ladenschilde auf das Plakat über.

Eine neue Entwicklung brachte für das Geschäftsschild die Erfindung der elektrischen Glühlampe und der elektrischen Beleuchtungstechnik überhaupt. Nachdem Werner Siemens im Jahre 1870 die Dynamomaschine und Edison kurz vorher die elektrische Glühlampe erfunden hatte, wurden in den achtziger Jahren die großen Elektrizitätswerke gebaut. Hierdurch war die Möglichkeit sowohl für Transparentgeschäftsschilder als auch in weiterem Verlaufe für solche, die mit Soffittenlampen erleuchtet wurden, gegeben. Schließlich wurden die Buchstaben und Worte sowie Umrahmungen aus verschiedenfarbigen Glühlampen, in den letzten Jahren auch aus elektrischen Leuchtröhren zusammengestellt, die, um große Aufmerksamkeit zu erregen, mit Hilfe besonderer Schaltungen fortlaufend oder serienweise verlöschen und wieder aufflammen.

Im allgemeinen muß man jedoch sagen, daß das Geschäftsschild in der Gegenwart nur mehr wenig Bedeutung für die Reklame hat.

IV. Das Flugblatt.

a) Die ursprüngliche Form.

Die Entwicklung des Flugblattes war an zwei Voraussetzungen gebunden, und zwar einerseits an einen diesen Zweck noch ermöglichenden, billigen Papierpreis und anderseits an mechanische Vervielfältigungsvorrichtungen, die eine entsprechende Auflage in relativ kurzer Zeit herstellten.

Das Papier aus der Sumpfpflanze Papyrus war zwar bereits um 3500 vor Christus erfunden, aber so teuer, daß seine Verwendung nur für sehr wichtige Schriftstücke in Betracht kam. Auch das Pergament, das bereits im 2. Jahrhundert vor Christus in ziemlich vervollkommneter Weise erzeugt wurde, stellte sich mit Rücksicht auf den hierzu verwendeten Rohstoff, das sind Häute junger Kälber, junger Ziegen und totgeborener Lämmer sehr hoch. Eine grundlegende Änderung brachte in dieser Hinsicht erst das im Jahre 123 v. Chr. in China erfundene Büttenpapier; dasselbe kam jedoch erst im 12. Jahrhundert über Nord-Afrika nach Spanien und Deutschland.

Die frühesten mechanischen Vervielfältigungseinrichtungen bildeten die Holzschnitte, welche erst gegen Ende des 14. Jahrhunderts in Europa aufkamen. Sie wurden zunächst ausschließlich für Spielkarten und Heiligenbilder ohne Text von den sogenannten Briefmalern verwendet, welche sich auf diese Weise die zeitraubende, einzelweise Erzeugung dieser Artikel abkürzten. Die beiden ältesten Holzschnitte mit Schriftzeichen stammen aus den Jahren 1418 und 1423. Im Jahre 1450 stellte bereits Gutenberg seine aus beweglichen Lettern bestehende 42zeilige Bibel her; durch diese Erfindung war die zweite Vorbedingung für die Entwicklung des Flugblattes, nämlich die bequeme Vervielfältigungsmöglichkeit, gegeben.

Die ältesten Flugblätter waren die geschäftlichen Ankündigungen der Buchhändler. Aus der zweiten Hälfte des 15. Jahrhunderts sind 20 derartige Anzeigen erhalten. Die Blätter wurden gleichzeitig als Flugblätter und Plakate verwendet (s. Abb. 32 u. 44). Als Flugblatt wurden sie allen jenen wenigen Personen in die Wohnung zugestellt, welche damals für einen (Bücher-)Ankauf in Betracht kamen. Sie enthielten zunächst das Verzeichnis der Erzeugnisse einer Druckerei; bald darauf finden wir auch derartige Flugblätter, welche die Erzeugnisse mehrerer Buchdrucker vereinigen. Der beste Beweis, daß derartige Druckwerke als Flugblätter und Plakate gleichzeitig verwendet wurden, ist, daß einzelne hiervon zweiseitig bedruckt waren (s. Abb. 32), trotzdem aber auch affichiert wurden; das Format betrug in der Regel ca. 20 × 25 cm.

Bereits unter den allerersten finden sich solche mit Illustrationen, und zwar sind unter diesen die ältesten die Anzeige des Erhard Ratdolt mit geometrischen Figuren betreffend eine

Krafft / Tugend / und Würckung deß Oels Sancti Quirini zu Tegernsee.

S. QVIRINVS

Abb. 32. Flugblatt, zweiseitig bedruckt, 16. Jahrhundert. Ankündigung und Gebrauchsanweisung für ein Medizinalöl.

(Bayer. Staatsbibliothek, München.)

Ausgabe des Euklid, welche vor dem 25. Mai 1482 hergestellt wurde und eine Anzeige des Antwerpner Druckers Geraert Leeu über das Buch der schönen Melusine aus dem Jahre 1491 (s. Abb. 45).

Eine andere Art der Flugblätter sind die sogenannten Schriftproben, welche den Druckereien als Reklamemittel dienten. Die älteste und bekannte Schriftprobe hat Erhart Ratdolt am 1. März 1486 nach seiner Rückkehr von Venedig nach Augsburg ausgegeben; sie zeigt vierzehn sehr schöne Schriftarten („Deutsche und italienische Inkunabeln, I, 5). Eine zweite stammt aus dem Jahre 1525 und rührt von J. Petrejus her; eine dritte ist von Valentin Geysler in Nürnberg 1561 entstanden. Die Illustrationen auf den Flugblättern sind dem Buchtexte in der Regel entnommen. Bis zum Jahre 1500 sind ca. 1600 derartige Flugblätter (Einblattdrucke) erhalten, worunter sich 105 Buchhändler- und Verlesungsanzeigen befinden.

Das Flugblatt erlebte seine Blüte in den Zeiten, in denen die politischen Leidenschaften aufgepeitscht waren, zum ersten Male im Kampfe Martin Luthers gegen den katholischen Klerus. Die im Jahre 1520 von ihm herausgegebene Trotzschrift umfaßte bereits eine Auflage von 4000 Stück; da die politischen Flugschriften der Bevölkerung die später erst eingeführten Zeitungen ersetzten, waren sie sehr beliebt und begehrt.

Abb. 33. **Anzeigenverteiler um 1860.**

In den späteren Zeiten haben die Flugblätter die Form der geschäftlichen Prospekte angenommen und sich ohne wesentliche Änderungen bis auf die Gegenwart erhalten. Barnum verwendete sie mit großem Erfolge — sie werden in seinen Schriften „hand-bills" — genannt und er schrieb ihnen auch einen Großteil seiner günstigen Geschäftsergebnisse zu.

Für Mitteilungen eines lokal sehr begrenzten Personenkreises (Geschäftseröffnungen, neue Kinoprogramme usw.)

übertrifft das Flugblatt an Wert sogar die Zeitung, da es den Interessentenkreis viel besser erfaßt und bedeutend weniger Kosten verursacht.

Die Post berechnet für derartige Werbedrucksachen in der Regel bedeutend ermäßigte Gebühren. In großen Städten bestehen eigene Büros, die die Adressen nach Berufsgruppen oder sonstigen gemeinsamen Interessen sammeln, in Evidenz halten und gegen eine gewisse Entschädigung an Kaufleute abgeben bzw. die Versendung von Werbeschriften selbst übernehmen.

Durch die Erfindung der Flugmaschinen haben die Flugblätter eine neue Verwendungsmöglichkeit erfahren. Im Weltkriege kamen im Jahre 1918 italienische Flieger bis nach Wien und warfen politische Flugzettel ab, um die Bevölkerung zu beeinflussen. Von großen Firmen werden ebenfalls Flugblätter durch Flugmaschinen verbreitet; in einzelnen Städten wurde allerdings in letzter Zeit diese Propagandaart mit Rücksicht auf die Verunreinigung der Straßen verboten.

b) Die Geschäftskarte.

Die Geschäftskarte ist eine Abart des Flugblattes. In den früheren Jahrhunderten erfüllte das Flugblatt gleichzeitig die Aufgabe der Geschäftskarte; die Buchhändler, welche in der Regel im Umherreisen ihr Geschäft machten, schickten die vielfach illustrierten Flugblätter ihrer Firma (s. Abb. 45) in die Häuser ihrer Kunden und gaben auf ihnen auch den Standort ihres Lagers und Verkaufes bekannt. Ein wirklich entscheidender Unterschied zwischen dem Flugblatte und der Geschäftskarte ist auch in der späteren Zeit nicht feststellbar, doch bildete sich die Gewohnheit heraus, nur solche Drucksachen als Geschäftskarte zu benennen, welche in der Regel als Text ausschließlich Name, Adresse und Branche des Kaufmannes oder Gewerbetreibenden enthielten; die Illustration ist hierbei nicht wesentlich.

In den früheren Jahrhunderten wurde jedoch auf die Illustration der Geschäftskarte besonderer Wert gelegt, um durch diese die Aufbewahrung der Geschäftskarte und so ihre dauernde Reklamewirkung zu veranlassen (s. Abb. 34 bis 37).

Im 18. Jahrhundert erlebte die Geschäftskarte, die „carte d'adresse", eine künstlerische Blütezeit, die erste Blütezeit eines Zweiges der Reklamekunst überhaupt. Seit Ludwig XIII. wurde es geradezu Gepflogenheit, daß sich Geschäftsleute ihren Kunden durch Übersenden gestochener Empfehlungskarten ins Gedächtnis zurückriefen oder auf diese Weise

Abb. 34. Geschäftskarte, 1772.
(Staatl. Sammlung „Albertina", Wien.)

ihren Kundenkreis zu erweitern suchten. Aus dem 17. Jahrhundert sind uns z. B. einige derartige Blätter von Le Pautre erhalten. Im 18. Jahrhundert nahm die Sitte großen Umfang an und zahlreiche Geschäftsleute, zumal solche, die sich wie Goldschmiede, Uhrenfabrikanten, Schwertfeger, Bauunternehmer, Modisten-, Seiden- und Galanteriewarenhändler, Parfümeure, Graveure in erster Linie an ein vornehmes und

Abb. 35. Geschäftskarte, ca. 1750.
(Bayer. Staatsbibliothek, München.)

anspruchsvolles Publikum wendeten, übertrugen die Herstellung ihrer Karten angesehenen und bewährten Künstlern.

Auch in England erhob sich die Reklamekarte damals zu stattlicher künstlerischer Höhe. Als Vorläufer erscheint

Abb. 36. **Geschäftskarte,** 1825.

(Staatl. Sammlung „Albertina“, Wien.)

William Hogarth, der für Schausteller und Schauspieler, Goldschmiede, Tuchhändler und Schneider Geschäftskarten verfertigte und vor allem für seine großen Kupferstiche höchst interessante Subskriptionsscheine und Abonnementsquittungen ausgab. Besonders bekannt ist die Quittung für den Lebenslauf eines Wüstlings mit der Darstellung lachender Zuschauer. In noch größerem Umfange wurde der anglisierte

Italiener Francesco Bartolozzi von der englischen Geschäftswelt in Anspruch genommen, die sich die Unterstützung dieses Lieblings der vornehmen Gesellschaft für ihre Propagandazwecke zu sichern wußte.

Mit dem Durchgreifen der illustrierten Zeitschriften — die Penny Magazine wurden 1832 in London, L'Illustration 1843

Abb. 37. Geschäftskarte, 1801.

in Paris, die Leipziger illustrierte Zeitung im gleichen Jahre in Leipzig herausgegeben — strömte eine große Anzahl billiger und künstlerisch ausgeführter Graphiken selbst in die Häuser der minderbemittelten Bevölkerung. Die Illustration der Geschäftskarte verlor hierdurch ihren relativen Seltenheitswert und es war kein Anlaß mehr, die Karte aus diesem Grunde aufzuheben. Die Geschäftswelt erkannte bald den Stimmungsumschwung der Bevölkerung und die überwiegende Zahl der Geschäftskarten beschränkte sich nun auf die Angabe von Name, Adresse und Branche, während die Illustration an Bedeutung in dieser Verwendung verlor. Derzeit wird wohl noch

NIEDERLAGS-VERÄNDERUNG.
Die Fürstl. Salm'sche
Blansker Eisenfabriks Niederlage
welche seit einer Reihe von Jahren in der
Stadt, Johannesgasse vis-a-vis dem Ursulinerkloster
bestand,
befindet sich vom 1. November 1849,
im
Eckhause der Wollzeil u. Riemerstrasse
No. 856.

Abb. 38. Geschäftskarte aus dem Jahre 1849.

viel Sorgfalt auf die Ausführung und den Druck der Geschäftskarte verwendet, doch hat sie vom künstlerischen Standpunkte aus keine Bedeutung. Sie ist ausschließlich die Visitkarte des Kaufmannes. An eine Aufbewahrung aus künstlerischen Gründen denkt wohl niemand mehr.

c) Reklamemarken.

Zu dem Gebiete des Flugblattes sind wohl auch die Reklame-(Verschluß)Marken zu rechnen. Den Anlaß zu ihrer Herstellung gab die durch die Erfindung des Farbdruckes um die Wende des vergangenen Jahrhunderts plötzlich in weiten Kreisen erwachte Beliebtheit dieser Drucke, die sogar vielfach zu einem eifrigen Sammelsport anregte.

Zu Beginn des 20. Jahrhunderts hat sich die Reklame diese Bewegung zunutze gemacht und mehrfarbige, kleine Bilder mit Reklameaufdruck, insbesondere aber mehrfarbige Verschlußmarken vielfach sogar in künstlerischer Ausführung

Abb. 39. Reklameverschlußmarken.

mit Reklameaufdruck verbreitet. So haben Verleger, Zeitungsherausgeber, Ausstellungen, Badeorte (s. Abb. 39), aber auch die Erzeuger von Waren aller Art, besonders von Schokolade und Spielwaren, Reklamemarken verbreitet, die sich besonders unter den Kindern großer Beliebtheit erfreuten und von diesen sogar auch gesammelt wurden.

Mit der Einbürgerung des Mehrfarbendruckes verloren die Reklamemarken bald ihren besonderen Reiz und sind heute in ihrer Bedeutung bloß auf die relativ geringe Verwendung als Verschlußmarken und als Kinderspielzeug beschränkt.

V. Das Plakat.

a) Im Altertum.

Vorläufer des Plakates waren die in Stein oder in Erz gehauenen Inschriften der alten Völker, welche dazu bestimmt waren, den Bürgern über die gesetzlichen Vorschriften und

Abb. 40. Mauerinschriften im antiken Pompeji.

Einrichtungen Aufschluß zu geben. Schon die Könige und Propheten der Juden ließen ihre Kundmachungen auf Pergament aufzeichnen und auf dem Hauptplatze der Stadt ausstellen.

In den Ruinen von Theben (ca. 2000 v. Chr.) wurden auf Papyrus Mitteilungen über Belohnungen für das Auffinden entlaufener Sklaven gefunden. Pausanias Graec., überliefert im lib. vii e. 14 Arcadia. „Die Bevölkerung von Phineum in Arcadia gibt an, daß Odysseus dem Neptum eine Statue aus Bronze weihte, in der Hoffnung, daß er hierdurch die entlaufenen Pferde wiedererhalten könne. Die Bevölkerung zeigte ferner eine Inschrift auf dem Sockel der Statue, durch die jedermann eine Belohnung in Aussicht gestellt wurde, welcher die Pferde findet und sich um sie kümmert". Die Geschichte[1]) berichtet über die „Zwölftafelgesetze" folgendes:

„In Rom gab es ursprünglich keine geschriebenen Gesetze, bei Streitigkeiten wurde nach dem gebräuchlichen Rechte geurteilt, das aber von den patrizischen Beamten oft willkürlich und zuungunsten der Plebejer ausgelegt wurde. Nach langem Widerstreben mußten die Patrizier endlich um 450 v. Chr. die Aufzeichnung des Rechtes zugeben. Es wurden zu diesem Zwecke 10 Männer (Dezemviri) mit unbeschränkter Vollmacht ausgestattet; sie ließen die Gesetze auf 10 Kupfertafeln eingraben, die auf dem Markte vorne an der Rednerbühne aufgestellt wurden. Ein Jahr später wurden noch 2 Tafeln hinzugefügt. Auf diese Weise sollte auch gemeines Volk mit den Gesetzen bekanntgemacht werden, damit es sich über die Gesetzgebung und die auf Grund derselben zu fällenden richterlichen Urteile jederzeit informieren könne."

Einen weiteren Fortschritt zeigen die römischen Tabulae, welche bereits in der vorliterarischen Zeit in Rom in Verwendung waren. Der römische Schriftsteller Cato überlieferte uns, daß der Pontifex (Hohepriester) auf einer weißen Tafel (daher Album = *λευκώμενα*) mit roter Farbe den Kalender und sonstige die Gemeinde betreffende, wichtige Kundmachungen zum Zwecke der allgemeinen Kenntnis verlautbarte. Auch Gesetzesvorschläge wurden auf diese Weise bekanntgegeben; sobald diese Ankündigungen ihren Zweck er-

[1]) s. Ripp, Geschichte der Quellen des röm. Rechtes, Leipzig 1903.

reicht hatten, wurden diese Aufschriften wieder mit weißer Farbe überstrichen und so für Neuankündigungen Raum geschaffen.

Die Prätoren und Ädilen ließen mit roter Farbe auf weißen Holztafeln zu Beginn ihrer Amtszeit ihr Edikt, d. h. die Summe der Grundsätze aufmalen, von denen sie sich bei Ausübung ihres Amtes leiten lassen wollten; die Tafeln wurden dann öffentlich ausgestellt.

Die römische Kaiserzeit kannte auch bereits, wie uns vor allem die Ausgrabungen in Pompeji und Herculanum gezeigt haben, ein ausgedehntes Plakatwesen (s. Abb. 40). Man hat dort zahlreiche private Bekanntmachungen entdeckt, größtenteils Wahlaufrufe, da die Verschüttung (79 n. Chr.) knapp vor den Gemeindewahlen erfolgte, ferner Theateranzeigen (s. Abb. 41), Gasthausempfehlungen, Vermie-

QUA · DIES · PATIENTUR.
SVETII · CERTI · AEDILIS · FAMILIA · GLADIATORIA.
PUGNABIT.
POMPEIIS · PRIDIE · KALENDAS · AUGUSTAS.
VENATIO · VELA · SPARSIONES · ERVNT.

(„Wenn es die Witterung erlaubt, wird die Gladiatorenbande des Aedilen Suetius Certus am 30. Juli in der Arena zu Pompeji einen Gladiatorenkampf aufführen. — Auch sollen Tiere gehetzt werden. — Der Zuschauerraum ist gedeckt und wird bespritzt.")

Abb. 41. Zirkusankündigung, die in Pompeji auf eine Mauer geschrieben ist.

tungsgesuche und ähnliches. Sie wurden mit roter, seltener mit schwarzer Farbe, vielfach in fußhohen Lettern auf die Außenwände der Häuser gemalt und werden daher jetzt Dipinti genannt. Ja, sogar Gegenstücke zu unseren Anschlagssäulen und -tafeln hat die Asche des Vesuv bewahrt, z. B. in den kleineren Thermen, wo sich natürlich viele Leute zusammenfanden; an der äußeren Mauer des Gebäudes der Eumachia (s. Abb. 42) nach der Abundanzstraße zu war die Fassade durch Pfeiler in eine Reihe von Feldern zerlegt, die abwechselnd flach dreieckig und flach gekrönt waren. Auf die weißgetünchten Felder zwischen den Pfeilern wurden die Bekanntmachungen aufgemalt. Die teilweise verbreitete Ansicht, daß auch bemalte Pergamentplakate auf Alben (Tafeln oder Säulen) aufgeklebt wurden, hat wenig Glaubwürdigkeit für sich, da eine mechanische Vervielfältigungsmöglichkeit damals nicht bestand und das Pergamentplakat sonach gegenüber den auf die Mauer gemalten Ankündigungen zwar keinen Vorteil, wohl aber als Nachteil die unnütze Verschwendung des kostbaren Pergaments aufgewiesen hätte.

Das Malen der Aufschriften wurde von den gewerbsmäßigen Schriftmalern besorgt, unter denen Ämilius Celer

Abb. 42. Album (Anschlagfläche) am Gebäude der Eumachia (Produktenbörse) in Pompeji.
(Overbeck, Pompeji, 4. Aufl., Abb. 78.)

einer der beliebtesten gewesen zu sein scheint. Dieser älteste bekannte Schriftenmaler hat uns seinen Namen unter der längeren Anzeige eines Gladiatorenkampfes aufbewahrt, da er selbstgefällig hinzufügte: „Scr. Ämilius Celer singulus ad lunam" — „das schrieb Aemilius Celer allein bei Mondschein" (Mau, Pompeji, 1900, S. 205). Sogar die Wohnung des pompejanischen Plakatmalers ist bekannt; die Adresse war: Insula IX, 8, wo sich an einem Hause neben zahlreichen Schreibversuchen oder Proben die Anschrift findet: Ämilius Celer hic habitat (Mau a. a. O., S. 474).

Der größte Teil der Dipinti enthält, wie gesagt, Wahlaufrufe, deren uns etwa 1600 erhalten sind, in denen mehr als 100 Kandidaten für kommende Ämter empfohlen werden. Sehr zahlreich sind auch die Anzeigen von Gladiatorenkämpfen, in denen die auftretenden Fechterbanden genannt sind und meist hervorgehoben wird, daß der Zuschauerraum mit Zelten überspannt sein wird: „vela erunt". Auch hochherrschaftliche Wohnungen werden angeboten, Gasthäuser

Abb. 43. Ein Bäckerladen in Pompeji.

angepriesen, der Verlust und die Auffindung von Gegenständen bekannt gemacht. So heißt es in einer Aufschrift auf der Ostseite der Insula VII, 5 bis 8: „Ein kupfernes Gefäß ist aus diesem Laden abhanden gekommen. Der Wiederbringer erhält 65 Sestertien. Wer den Dieb angeben wird" — doch an dieser Stelle wird die Anschrift unleserlich und so wissen wir nicht, welche Belohnung für diesen Fall in Aussicht gestellt wurde (Mau, a. a. O., S. 478). An anderem Orte heißt es: „Derjenige, dem am 25. November eine Stute mit einem kleinen Packsattel entlaufen ist, wende sich an A. Decius da und da" (Mau, a. a. O., S. 428).

Auch manche Stellen in den antiken Schriftwerken deuten auf ein wohlausgebildetes Ankündigungswesen im alten Rom. So berichtet uns Martial von der Ankündigung der neuesten poetischen Erscheinungen am Laden eines römischen Buchhändlers:

Contra Caesaris est forum taberna
Scriptis postibus hinc et inde totis
Omnes ut cito perlegas poetas
Illinc me pete....

(Gegenüber dem Cäsarenmarkte ist ein Laden, welcher mit Schriften aus aller Welt angefüllt ist, damit man leicht eine Übersicht über die Dichter erhalten könne; dort verlange mein Werk!)

b) Im Mittelalter und Beginn der Neuzeit.

Mit dem Untergange der antiken Kultur entstand auf dem Gebiete der schriftlichen, öffentlichen Ankündigung eine jahrhundertlange Lücke. Die Kenntnis des Lesens und

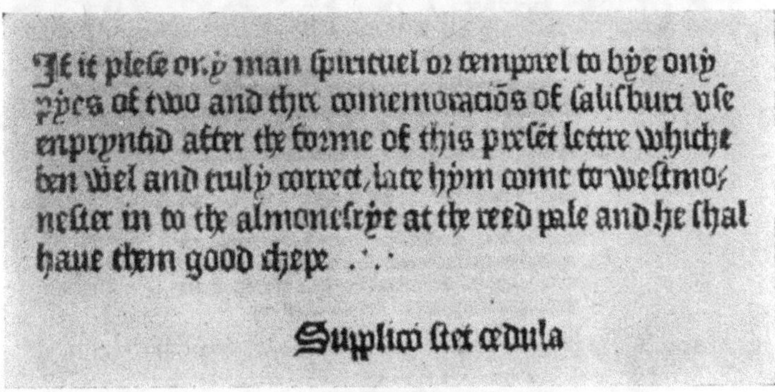
If it plese ony man spirituel or temporel to bye ony
pyes of two and thre comemoracios of salisburi vse
enpryntid after the forme of this preset lettre whiche
ben wel and truly correct, late hym come to westmo-
nester in to the almonesrye at the reed pale and he shal
haue them good chepe . . .

Supplico stet cedula

Abb. 44. **Plakat des ersten engl. Buchdruckers William Caxton, ca. 1477.**
(Bodleiana, Westminster.)

Schreibens war hauptsächlich auf Geistliche beschränkt und es waren daher Affichen zwecks Verlautbarung an die Bevölkerung ungeeignet.

Die früheste aus dem Mittelalter erhaltene Anzeige ist die handgeschriebene Ankündigung des Handschriftenhändlers Diepolt Lauber, Schreiber zu Hagenau, um 1450, in der er seine Bücher „groß und klein, geistlich und weltlich, hübsch und gemalt" dem Bibliophilen ans Herz legt (H. Lempertz, Bildertafeln zur Geschichte des Bücherhandels, 1853 bis 1865, Tafel I). In gleicher Weise druckten die Buchhändler bei Antritt ihrer Reise Verzeichnisse, in denen sie die Titel der

Abb. 45. Plakat für das Buch „Die schöne Melusine" 1491.
(Bibliothek des Börsenvereines deutscher Buchhändler, Leipzig.)

von ihnen feilgehaltenen Werke anführten und meist eine lobende Bemerkung hinzufügten. Zum Schluß wurden dann die Kauflustigen gebeten, sich in den Gasthof oder in die Privatwohnung zu begeben, wo der Buchhändler abgestiegen war. Name und Lage des jeweiligen Quartiers wurden handschriftlich eingefügt (s. Abb. 44).

Das in Abb. 45 wiedergegebene Plakat für das Buch „Die schöne Melusine" aus dem Jahre 1491 ist deshalb besonders interessant, weil es das zweitälteste[1]) erhaltene, mit einem Holzschnitt illustrierte Buchhändler-Plakat ist. Das erste illustrierte Plakat wurde im Jahre 1482 von dem Buch-

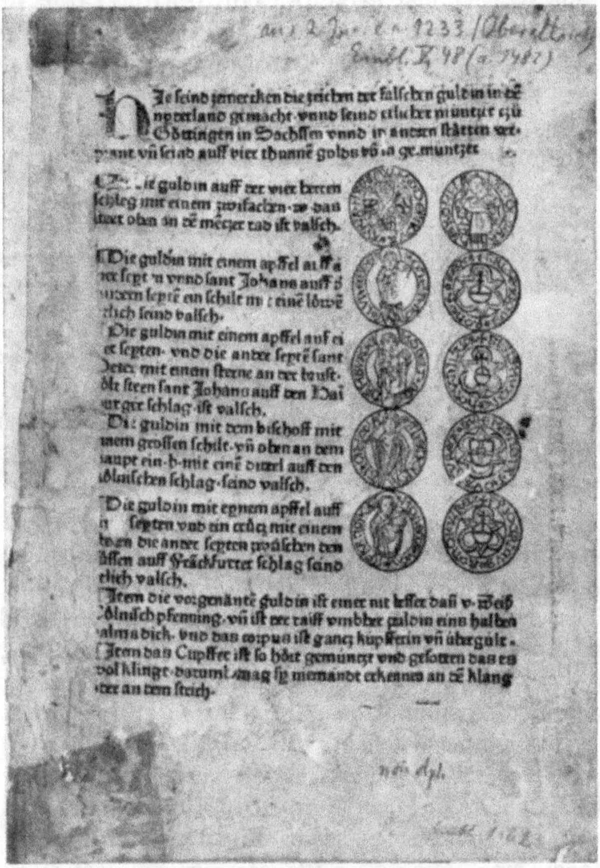

Hie seind zemercken die zeichen der falschen guldin in dē niderland gemacht vnnd seind etlicher müntzer zü Göttingen in Sachssen vnnd in andern stätten verprant vñ seind auff vier thunnē guldin vō in gemüntzet

...ie guldin auff der vier herren schlag mit einem zwifachen ... dan ... oben an dē mēczer tad ist valsch.

Die guldin mit einem apffel auff ... der seyt ... vnnd sant Johanns auff ... ander seytē ein schilt ... eine löwē ... lich seind valsch.

Die guldin mit einem apffel auff ei... er seyten vnd die ander seytē sant ... mit einem sterne an der brust ... steen sant Johann auff den ... ger schlag ist valsch.

Die guldin mit dem bischoff mit ... nem grossen schilt vñ oben an dem ... haupt ein b mit einē ... auff den ... schen schlag seind valsch.

Die guldin mit eynem apffel auff ... seyten vnd ein creücz mit einem ... die ander seyten zwüschen den ... auff Franckfurter schlag seind ... lich valsch.

Item die vorgenantē guldin ist einer nit besser dann ... Weiss ... pfenning vñ ist der taiff vmb der guldin eins halben ... dick vnd das corpus ist gancz kupfferin vñ übergült.

Item das Cupffer ist so hört gemünczt vnd gesotten das es wol klingt darumb mag sy niemandt erkennen an dē klang ... an dem strich.

Abb. 46. Falsches Gulden-(Münz)blatt, 1482.
(Bayer. Staatsbibliothek, München.)

händler Ratdolt hergestellt, es enthielt geometrische Figuren und diente einer Neuausgabe der Werke des Mathematikers Euklid als Reklame. Die Illustrationen der Plakate sind in der Regel

[1]) s. Burger, Buchhändleranzeigen des 15. Jh., Leipzig 1907.

den Werken selbst entnommen, ein Vorgang, der im Hinblicke auf das Buchformat der damaligen Plakate leicht durchführbar war.

Zu den frühesten öffentlichen Ankündigungen gehörten auch die sogenannten falschen Guldenblätter (s. Abb. 46 aus dem Jahre 1582), welche die Bevölkerung über die damals einen empfindlichen Übelstand bildenden falschen Münzen aufklären und die Vermeidung ihrer Annahme bewirken sollten. In der Ordonnance von Franz I. über die Pariser Polizei vom 13. November 1539 wird ausdrücklich das Anschlagen dieser Verordnung „escriptes en parchemin et en grosses lettres", in allen sechzehn Bezirken von Paris auf Pergamenttafeln in großen Lettern an auffälligen Orten, damit sie gesehen würden (Vachon, Les arts et les industries du papier, S. 194), angeordnet.

Eine der ältesten gedruckten Lotterieankündigungen ist ein Holzschnitt (Xylographie), das sogenannte Rostocker Lotterieplakat von Eberhard Altdorfer aus dem Jahre 1518, welches sich in der dortigen Universitätsbibliothek befindet (s. Abb. 47).

Neben den Buchhändlerankündigungen, Anzeigen über Lotterien, Menagerien, Schaustellungen und sonstige Lustbarkeiten (Abb. 48 bis 49) bildeten die amtlichen Anschläge den überwiegenden Gegenstand der Plakate. Das älteste Plakat, welches die Schaustellung einer menschlichen Mißgeburt betrifft, ist das der Friesin Magdalena Emohne; es ist ein Holzschnitt und stammt aus dem Jahre 1601. Auf demselben ist das fünfjährige Mädchen ohne Arme und nur mit einem Fuß zu sehen. Ein zweites Plakat, welches dieselbe Person betrifft, stammt aus dem Jahre 1616. Beide Ankündigungen befinden sich im Germanischen Museum in Nürnberg. Dort sind auch eine Reihe alter Plakate, welche sonstige menschliche Abnormitäten, wie Mißgeburten, Zwerge, Riesen, Zirkusakrobaten u. dgl. darstellen. Das älteste Tierschauplakat wurde im Jahre 1625 in Genf verwendet; es enthält die Darstellung von zwei Affen in einer Zirkusnummer. Die meisten Ankündigungen und in erster Linie die amtlichen wurden in der Regel an der Rathaus-, Amtshaus- und Kirchentür sowie an der Dorflinde angeschlagen. Martin Luther

Abb. 47. Obere Hälfte des Plakates Eberhard Altdorfers „Der Glückshafen zu Rostock", 1518.
(Universitätsbibliothek, Rostock.)

schlug seine 95 Thesen am 31. Oktober 1517 an der Tür der Schloßkirche zu Wittenberg an.

Ludwig XIII. verordnete, daß seine Edikte auf Pergamenttafeln mit großen Buchstaben in den 16 Vierteln der Stadt an den hervorragendsten und auffälligen Orten angeschlagen werden (erste Hälfte des 17. Jahrhunderts).

Abb. 48. Plakat einer Menagerievorführung in Nürnberg, 1677.
(Germanisches Museum, Nürnberg.)

Die Wiener „Becken-Ordnung" vom 17. März 1719 bestimmte, man solle an das Rathaus und die Stadttore zu jedermänniglich Wissen und Lesen anschlagen, nach welcher Satzung sich die Bäcker zu richten hätten (Codex austriacus III).

In Flandern bediente man sich im 18. Jahrhundert des illustrierten Plakates zur Anwerbung von Rekruten für die Legion de fandre und andere militärische Körper.

Interessant ist, daß auch bereits damals über den Unfug geklagt wurde, daß die Plakate beschädigt und abgerissen

OPERAZIONE MERAVIGLIOSA

D'UN CAVALLO

Si dà avviso come è arivato in questa Nobilissima Città il N. per divertire questo Pubblico con un Cavallo venuto da lontani Paesi, di cui forse simile giamai sarà stato veduto per le sue virtuose Operazioni, le quali altrove già sono state ammirate, e approvate; Principalmente da Sua M. C. C., e da non pochi altri Principi, e Dame di diversi Paesi, perciò regalato il Padrone con preziosi doni, e favorito di passaporti, e raccomandazioni, per lo che benignamente hà avuto l'approvazione di Sua Eccellenza il Sig. Conte Governatore.

Si vedrà la bellezza, e virtù di questo Cavallo, quale da due mesi fino alli cinque anni è stato dal Padrone con ogni ritiratezza, diligenza, e pazienza ammaestrato, essendo di lui professione di ammaestrare tal sorte di Cavalli in esercizj, che non sono ordinarj, e tutto singolari a tal sorta di Animali.

Primieramente egli intende le Lingue Inglese, Francese, Itagliane. 2. Riceve gli Spettatori con una riverenza. 3. Sarà posto alla sentinella, e darà segno al tempo della sua mata, serve al suo Maestro come un Servidore. 4. Se il Maestro lascia cascare qualche cosa sia un guanto, o fazoletto, lo prende, e porta al Padrone. 5. Egli si sede alla maniera de Cani. 6. Prende un secchio, e reca acqua per lavar le mani a qualch' uno. 7. Porge una servietta per asciugare. 8. Dà segno quanto vale ciascuna carta nel givoco. 9. Prende una bussola per raccogliere un poco di danaro per comprare del vino. 10. Và alla porta, e bussa, acciò gli si dia del vino, e lo riceve. 11. Beve alla salute delli Spettatori. 12. Dà segno, che moneta si presenta. 13. E' assai ammirabile, e notabile, che nel suo esercizio si dimostra molto cortese, ed usa rispetto verso le Dame. 14. Vvota lambendo un bichiero pieno di acqua, o vino come un Cane. 15. Si finge malato, quando il Padrone dice, và a bere, ponendosi in terra come volesse morire, ma quando il Padrone dice di levarsi, e lo intimorisce con chiamare il Scorticatore, subito si leva, e guarda all'intorno se quello viene. 16. Salta 4. 6., e 2. Serchj un piede distante l'uno dall'altro. 17. Guarda all'Orologio quante ore sono, e fà ancora altre Operazioni, quali qui non si spiegano, ma sono assai ridicole, e maravigliose agli Aspettatori. Per ultimo si volge verso gli Spettatori con una profonda riverenza, come a ringraziarli della loro benignità.

Si darà principio alle prove alli 27. del corrente mese di Febbrajo, con avvertenza, che sarà alle ore 22. sino alle 24., durando un'ora per volta l'esercizio, & questo si vedrà alla Piazza de Mercanti.

Li Curiosi non manchino, mentre la dimora sarà per poco tempo.

Di più si fà sapere, che vi si trovaranno siti commodi secondo la qualità delle persone, fra gli altri uno tapezzato per le Dame, e Cavaglieri. Avvertendo, che per gli luoghi tapezzati vi saranno viglietti particolari, da pagarsi distintamente.

IN MILANO per il Nava.

Abb. 49. Plakat der Vorführung eines dressierten Pferdes in Mailand, ca. 1700.

(Bayer. Staatsbibliothek, München.)

werden. Das Plakat des Druckers William Caxton (1477) enthält den Zusatz: „Supplico stet cedula = Bitte den Zettel nicht abzureißen" (s. Abb. 44). Einen weiteren Beweis hierfür bietet die Verordnung des Stadtrates der Reichsstadt Nürnberg vom 28. November 1736, welche das Abreißen der Plakate verbietet und unter Strafe stellt.

Nachdem das Anschlagen von Bekanntmachungen schon ziemlich früh üblich geworden war, hatten die Regierungen bald die Gefährlichkeit dieses Publikationsmittels in Zeiten aufrührerischer Agitation erkannt; bereits in den Jahren 1407 und 1417 wurden in Frankreich königliche Edikte gegen das Anschlagen von Plakaten während politischer Wirren erlassen; 1653 erging das strenge Verbot unter Androhung der Todesstrafe, Plakate ohne obrigkeitliche Erlaubnis zu drucken oder anzuschlagen. Nur den Buchhändlern blieb als vielbeneidetes Privileg das Recht gewahrt, ihre Verlagswerke durch Plakate bekannt zu machen.

Ein weiteres Mittel zur Überwachung des Anschlagwesens war die 1722 in Paris und später auch in Brüssel erfolgte staatliche Anstellung von beeideten Leuten, die allein zum Ankleben von Affichen berechtigt und verpflichtet waren.

Bis zur Niederwerfung des Absolutismus und des Polizeistaatssystems (ca. 1870) unterlag das Plakatwesen ähnlich den Zeitungen einer strengen Polizeizensur.

Charakteristisch für alle diese Plakate ist die Einfarbigkeit und ihr relativ kleines Format. Besonders bei den älteren bedeckte der Druck eine Fläche von nur ca. 22 × 25 cm und ausnahmsweise 22 × 50 cm. Fast ausnahmslos ist Schwarzdruck verwendet; Illustrationen sind sehr häufig, sie besitzen jedoch nicht die unserem heutigen Plakat eigene Fernwirkung und Perspektive, sondern ähneln vielmehr einzelnen Buchseiten, welche damals das gleiche Format hatten.

c) Das moderne Plakat.

Die kaufmännische Affiche nahm erst unter der Regentschaft einen größeren Aufschwung, als John Laws waghalsige Spekulationen (1716 bis 1720) der kaufmännischen Unternehmungslust einen mächtigen Ansporn gaben. In kurzer Zeit wurde das Anschlagen von Reklameplakaten so gebräuchlich, daß man es stellenweise als eine Belästigung zu empfinden begann und sich gelegentlich auch darüber

Abb. 50. Plakatanschlager in Paris, 1742.
(Französischer Kupferstich, das Ankleben eines gedruckten Plakates im Formate von ca. 80×120 cm darstellend. Cabinet des Estampes, Paris.)

lustig machte. Grand-Carteret (Vieux papiers, vieilles images S. 410) beschreibt ein satirisches Bild aus jenen Tagen, auf dem man den Ausrufer der guten alten Zeit wegschleichen sieht, während sich ein Zettelankleber, über und über mit Affichen verschiedener Art beladen, anschickt, ein Plakat an einen Pfeiler zu heften. Unter der Darstellung stehen die

Abb. 51. Lithographiertes Lotterieplakat, Anfang des 19. Jahrhunderts. (Format 75×45 cm.)

Worte, die eine Händlerin an den Ankleber richtet: „Puisqu'on affiche tout, dans le siécle où nous sommes, Affichez aussi que Colette vend des pommes. (Da man nun in unserer Zeit alles affichiert, affichieren Sie auch, daß Colette Äpfel verkauft.)

Da sich der Holzschnitt doch nur für Plakate von relativ kleiner Dimension eignete, der Kupferstich aber viel zu teuer war, stand die Entwicklung des Plakatwesens bis in die ersten Jahrzehnte des 19. Jahrhunderts still. Einen entscheidenden Fortschritt bildete die Erfindung der Lithographie (Steinzeichnung) durch Alois Senefelder im Jahre 1796.

Die Lithographie besteht darin, das Negativ einer Zeichnung mittels chemischer Kreide oder Tinte so auf eine Stein-

Abb. 52. Plakat in Buchdruck, 1854.
(Format 80×60 cm.)

platte zu zeichnen, daß sie, mit Farbstoff bedeckt, abgedruckt werden kann. Das lithographische Plakat (s. Abb. 51) war bis etwa 1860 vorwiegend schwarz auf weißem oder getöntem Grunde, der Text stand in Buchdruck gleichwertig neben der bildlichen Darstellung, so daß die Plakate in der Regel nur in der Nahansicht wirkten. Der Buchdruck wehrte sich jedoch noch lange, die Erzeugung der Plakate an die Lithographie abzutreten, im Gegenteil, er versuchte durch eine geradezu vollendete Abwechslung der Lettern, der Konkurrenz zu begegnen (s. Abb. 52 aus dem Jahre 1848). Diese Bemühungen konnten allerdings den vollständigen Sieg der Lithographie auf dem Gebiete des Plakates nicht verhindern, sondern bloß ein wenig verzögern.

Die Anwendung der Chromolithographie (Farbensteinzeichnung) geht auf Professor Zahn (1827) zurück. Einen weiteren Schritt brachte die Verwendung der photographischen Platte in der Lithographie, ein Verfahren, bei welchem der Stein mit einer lichtempfindlichen Chromgelatine überzogen wird. Durch die Benutzung der drei Grundfarben gelb, rot und blau ist es hierbei möglich, jede beliebige Farbe herauszubringen. Das System der Komplementärfarben, das bereits im Kupferstichverfahren von Le Bon in London 1720 erfunden wurde, gewann erst durch die Erfindung der farbenempfindlichen photographischen Platte vom Jahre 1873 ab große, praktische Bedeutung; der erste photolithographische Buntdruck wurde mit Hilfe der drei Grundfarben im Jahre 1890 hergestellt.

Die Lithographie hat das große Format für bildliche Darstellungen auf Plakaten, die Photochromolithographie das mehrfarbige Plakat und damit gleichzeitig die Entwicklung der Plakatkunst ermöglicht.

Für die Entwicklung der Plakatkunst war es von entscheidender Bedeutung, daß knapp an der Wende des 19. Jahrhunderts eine für das Plakat besonders geeignete Umwälzung in der Malerei vor sich ging. Von dem Engländer William Turner (1775 bis 1851) ausgehend, brach sich mit Claude Monet in den 80er Jahren der Impressionismus Bahn. Den leitenden Gesichtspunkt dieser Richtung in der Malerei bildete die Darstellung der Sujets, so wie sie wirklich gesehen werden, unter besonderer Berücksichtigung der durch Farbe, Licht und Luft auf den Beschauer ausgeübten Wirkung und unter Vernachlässigung der für den Gesamteindruck unmaßgeblichen Details. Diese Malweise hat erst die Erzielung der für das Plakat entscheidenden Fernwirkung ermöglicht. Einen weiteren Fortschritt erfuhr die Entwicklung der Plakatkunst durch die um 1900 in der Kunst zur Vorherrschaft gelangte Richtung des Naturalismus (naturgetreue Darstellung von Gegenständen, wie sie wirklich sind).

Abb. 53. Plakat „Lidia" für den „Alcazar d'Eté", 1870.
(Von Jules Chéret.)

Abb. 54. Plakat für die Pariser Kunstausstellung 1925.

Die Anfänge der künstlerisch ausgeführten Plakate weisen nach Frankreich. Dort stellte der Maler Jules Chéret um 1870 die ersten lithographischen, kolorierten,

Abb. 55. Plakat für Fremdenverkehrs-Förderung auf kubistische Manier, 1925.

auf die Entfernung wirkenden Plakate her. In den 80er Jahren hatte er bereits den Höhepunkt seiner vor allem auf koloristischem Gebiete liegenden Entwicklung erreicht. Er verwendete für seine Plakate ausschließlich die Farben blau, rot und gelb (s. Abb. 53).

Abb. 56. Plakat mit Benützung graphischer Darstellung.

In England und Deutschland reichen die Anfänge des modernen, künstlerischen Plakates auf ca. 1890 zurück, sie entwickelten sich in diesen Ländern aus den künstlerisch ausgestatteten Buchumschlägen, welche bereits die Elemente des modernen Plakates aufweisen. Als früheste Künstler wären in diesen Ländern Fred Walker und Fritz Aug. Kaulbach zu nennen. Ähnlich ging auch die Entwicklung in Nordamerika, wo die Umschläge der Zeitschriften für Harpers Magazine und The Century Magazine bahnbrechend wurden; bald war es dort üblich, für jede Nummer einen eigenen Umschlag zu zeichnen, der vielfach gleichzeitig in vergrößerter Form als Plakat Verwendung fand. Von den einheimischen, amerikanischen Künstlern war L. Rhead richtunggebend.

Der Kubismus hat ebenso wie in der Kunst auch im Plakatwesen keine maßgebende Stellung erobert (s. Abb. 55).

Vom Ausstellungswesen her drang auch die graphische Darstellung in das Plakatwesen ein. Den Anlaß hierzu gab die Abstumpfung des Publikums gegen das gedruckte Wort, das schnelle Tempo des täglichen Lebens, das für das Lesen von Plakaten keine Zeit läßt und die Notwendigkeit, gegen diese Erscheinungen anzukämpfen. Die graphische Darstellung (s. Abb. 56 u. 163) ist selbstverständlich nur dort anwendbar, wo dem Publikum die Größe eines Betriebes, das Wachstum seines Umsatzes, sein Erfolg usw. dargetan werden soll.

Unter das Gebiet der graphischen Darstellung gehört auch die sogenannte Landkartenreklame. Mit Hilfe der Karte, in welche die Niederlagen oder das Verbreitungsgebiet einer Firma eingezeichnet sind, soll dem Publikum die territoriale Entwicklung eines Unternehmens vor Augen geführt werden. Dieses Werbemittel hat den Vorzug, daß bei einer Reihe von Gelegenheiten, insbesondere auf Bahnhöfen und Postanstalten, das Publikum oft geographische Fragen gelöst wissen will und mit einer Reklamekarte, mangels einer anderen, gezwungenermaßen gerne vorlieb nimmt. Hierbei muß es selbstverständlich auch von dem Reklametext Kenntnis nehmen.

Abzieh- und Glasplakate.

Ungefähr um 1890 kamen einige findige Köpfe auf den Gedanken, Schaufenster und Ladentüren mit Anpreisungen zu versehen und gaben damit Veranlassung zur Entwicklung des Schaufensterplakates. Nach mancherlei Versuchen und Mißerfolgen fand man ein zweckdienliches Mittel, das Abziehbild, für diese neue Reklameart, weil sich dieses dem Glase infolge seiner Elastizität sehr anschmiegt und sowohl mechanischen als auch Witterungseinflüssen standhält.

Im Laufe der Jahre entwickelte sich das Abziehplakat zu großer Bedeutung. Der Hauptgrund für diese von den ersten Benützern wohl kaum geahnten Entwicklung des Abziehplakates bilden zwei Eigenschaften: Erstens die Tatsache, daß ein Abziehplakat fast stets an der der Aufmerksamkeit stark ausgesetzten Stelle erscheint und deshalb auch bei verhältnismäßig kleinem Format wirkt, und zweitens die weitere Tatsache, daß das Abziehplakat eine fast unbegrenzte Lebensdauer hat. Die Transparenz, die auch abends bei Beleuchtung eine gute Wirkung des Plakates verbürgt, dürfte fernerhin zum großen Teil Ursache des Erfolges des Abziehplakates gewesen sein.

Die Bezeichnung Glasplakate kannten ebenfalls vor dem Jahre 1890 nur sehr wenige und auch der Artikel, der um diese Zeit in England als „Glass Signs" und in Frankreich als „Tableaux sur verre" erzeugt wurde, war wenig bekannt und angewendet, nur einige Schokoladenfabriken bedienten sich dieses Reklamematerials. Mit Beginn des Jahres 1896 wurde die Erzeugung von Glasplakaten und damit auch der Name Glasplakate fast in der ganzen Welt, insbesondere auch in Deutschland eingeführt. Der Name „Glasplakate" wird jetzt aber auch für viele Plakate angewendet, die man rechtmäßig als Glasplakate nicht ansprechen kann, sondern die aus einem glasähnlichen Stoffe hergestellt sind.

Kristall-Glasolinplakate haben eine ähnliche Wirkung wie Glasplakate. Sie werden aus mit bedrucktem Zelluloid überzogenen feinen Blechen hergestellt und erhalten durch eine rückseitige starke Kartoneinlage eine außerordentliche Festigkeit. Die Plakate sind unzerbrechlich, wirken aber trotzdem wie Glasplakate. Die Plakate sind besonders für Innen-Reklamen geeignet. Sie werden mit einem Aufhängekettchen versehen oder erhalten eine Rückenstütze zum Aufstellen.

Email- und Blechplakate finden vorwiegend in der Außenreklame, d. i. an Häuserfronten, Ladentüren, Giebeln,

Abb. 57. Ankündigungstafel, Anfang des 19. Jahrhunderts.

Laternen, Kiosken usw. Verwendung. Da diese Art der Plakate eine fast unbegrenzte Lebensdauer und Widerstandskraft gegen Witterungseinflüsse hat, so erweisen sie sich für gewisse, auf lange Wirkungsdauer berechnete Reklamen sehr zweckmäßig.

Ankündigungstafeln, Litfaßsäulen und Reklameaufbauten.

Gleichzeitig mit der Entwicklung der geschriebenen Ankündigung wurde es auch üblich, diese in der Regel an bestimmten, der Aufmerksamkeit besonders ausgesetzten Plätzen anzubringen. Die ersten Ankündigungstafeln im modernen Sinne sind wohl die Alben (s. Abb. 42), doch wurden auch bereits die Säulen von Thermen für Ankündigungszwecke benützt. Im Mittelalter hatte die Kirchentür, das Amtshaus und die Dorflinde die Funktion von Ankündigungstafeln.

Die englischen Schriftsteller Pasquil und Marforius berichten aus dem Jahre 1589, daß die Kundmachungen unter Trompetenschall und Trommelschlag am „Londoner Stein"

Abb. 58. Gebräuchliche Plakatform an Bauzäunen, 1910.

befestigt wurden; im 16. und 17. Jahrhundert wurden sie im mittleren Seitengang der St. Pauls-Kirche angeschlagen.

Den Litfaßsäulen ähnliche Einrichtungen gab es bereits im 17. Jahrhundert in England. Neben dem Tore des Sheriff standen zwei reichlich geschnitzte und vergoldete Säulen (annotatores), an welche der Anschlag von Gesetzen des Stadtrates zu erfolgen pflegte.

Ankündigungstafeln im heutigen Sinne setzen eigene Ankündigungsunternehmungen voraus. Diese gehen einerseits auf die Einrichtung der staatlich konzessionierten Ausrufer (s. S. 57) und anderseits auf das Bestreben einer möglichst scharfen Zensur der Anschläge (s. S. 68) zurück. Abb. 57, welche aus dem Beginne des 19. Jahrhunderts stammt, zeigt uns bereits eine Ankündigungstafel eines gewerbsmäßigen Ankündigungsunternehmens. Sie unterscheidet sich wesentlich von den heutigen Tafeln dadurch, daß die Plakate einerseits noch das der damaligen Technik entsprechende kleine Format hatten und anderseits auf Kartons aufkaschiert und in Rahmenleisten eingeschoben wurden, welche schon in dem üblichen Formate an den Ankündigungstafeln angebracht waren. Mit der Herstellung der großen Plakate nahmen die Ankündigungs-

Abb. 59. Moderne, stilvolle Plakatform in Zürich.

flächen zunächst sehr willkürliche und abstoßende Formen an (s. Abb. 58). In den letzten Jahren machen sich jedoch Bestrebungen geltend, auch hier künstlerische und mit den Begriffen der Harmonie zu vereinbarende Lösungen zu finden (s. Abb. 59).

Am 21. Oktober 1824 reichte der Kaufmann Harris in London ein Patent bezüglich einer drehbaren, beleuchteten Plakatsäule ein. Die Durchführung war derart gedacht, daß ein auf einem Wagen stehendes, drehbares Säulengerüst mit Öl getränkten und daher transparenten Plakaten beklebt werden sollte; die Beleuchtung des Innenraums war mit Kerzen oder Lampenlicht vorgesehen. Der Patentwerber begründete seine Einreichung noch damit, daß durch diese Erfindung die Entstellung der Häuser und Wände vermieden werden könnte.

Abb. 60. **Litfaßwagen, Londoner Lotteriereklame aus dem Jahre 1826.**

Die Litfaßsäulen sind nach ihrem Erfinder, dem aus Naumburg gebürtigen Buchdrucker Litfaß genannt. In Berlin wurden zum ersten Male solche aus Kunststein gefertigte, massive Anschlagsäulen (s. Abb. 61) am 1. Juli 1855

[1]) Siehe R. Feldhaus, Zur Geschichte der Plakatsäule „Das Plakat" 1919, S. 235.

aufgestellt und nahmen von hier aus die Verbreitung durch die ganze Welt. In einzelnen Städten, insbesondere auch in Wien (s. Abb. 62), hatten sie ursprünglich die Form von Kiosken und wurden als Verkaufsräume für Zigarren, Zigaretten, Obst, Blumen u. dgl. benützt. Bald jedoch kam man von der Kioskform ab und es wurde überall die Säulenform eingeführt. Der ca. 1 bis $1^1/_4$ m im Durchmesser betragende Hohlraum der Säulen muß in der Regel den Stadtgemeinden zur Unterbringung von Straßenreinigungsgeräten zur Ver-

Abb. 61. **Berlins erste Litfaßsäule, 1888.**
(Märkisches Museum, s. „Seidl's Reklame", 1925.)

fügung gestellt werden (s. Abb. 63). In den letzten Jahren verwendet man vielfach auch von innen beleuchtete Litfaßsäulen mit Transparentplakaten.

Die Litfaßsäulen gaben den Anlaß, auch andere Objekte als Träger von Reklamen zu verwenden. Hierzu werden in erster Linie Straßenlaternen (s. Abb. 64), Straßenbahnmaste sowie die Maste von Straßenbahn-Haltestelletafeln in der Art verwendet, daß Blechplakate, vielfach sogar von innen beleuchtete Transparent-Reklametafeln an ihnen angebracht werden. Die Maste der Straßenbahn-Haltestelletafeln haben in dieser Verwendung noch den Vorteil, daß das Publikum dort für einige Minuten unbeschäftigt wartet und so für die Reklame empfänglicher ist.

Bald begnügte man sich aber auch mit diesen Reklameträgern nicht mehr; es wurden zunächst Anschlagsäulen von besonderer Form, welche dem Propagandazweck von nur einer Firma dienten (siehe Abb. 65), und in weiterer Folge Reklamebauten von phantastischer Gestalt (s. Abb. 66 u. 67) verwendet. Die Neugierde des Publikums macht auch diese relativ teuren Reklamemittel bezahlt.

Abb. 62. Erste Wiener Litfaßsäule, 1872 (Kioskform).

VI. Die Zeitungsreklame.

a) Allgemeines über das Zeitungswesen.

Noch mehr als die Entwicklung des Flugblattes (siehe S. 45) ist die Entwicklung des Zeitungswesens an die Voraussetzungen der Möglichkeit der Beschaffung von billigem Papier und der ökonomischen Reproduktionsmöglichkeiten gebunden.

Den Beginn des Zeitungswesens suchte man sogar bis in die römische Kaiserzeit zurückzuführen und diese Ansicht mit der bei einem römischen Schriftsteller gefundenen Stelle „quis dabit historico quantum daret acta legenti" zu begründen. Ein Teil der Sprachforscher übersetzte nämlich die lateinischen Worte mit „wer wird dem Historiker das geben, was er dem Zeitungsleser vorsetzen würde". Boissier übersetzt sogar den Nachsatz mit „was er dem Reporter geben würde". Namhafte Gelehrte, insbesondere auch Bücher, bestreiten die Richtigkeit dieser Übersetzung und erklären, daß unter den obigen Worten weder Zeitungsleser, noch Reporter, sondern ein

Abb. 63. Litfaßsäule in Wien, 1900 (innen Hohlraum).

Glied zur Güterversorgung des vornehmen, antiken Hauses zu verstehen ist. Da die Römer als Schreibmaterial in der Regel Wachstäfelchen und nur für wichtige Schriftstücke Pergament verwendeten, so wäre eine Zeitung, die man außerdem noch mit der Hand hätte schreiben und vervielfältigen müssen, so teuer gewesen, daß eine Herausgabe im Altertum schon aus diesen Gründen unwahrscheinlich ist.

Im Mittelalter[1]) hat das Zeitungswesen verschiedene Vorläufer. Den Geschäftsbriefen wurden separate Zettel beigelegt, sogen. „cedulae", welche den Adressaten unabhängig von dem Briefinhalte über wichtige politische und sonstige Ereignisse informieren sollten. Zum ersten Male finden wir in einer derartigen cedula, welche die Meldung von der Eroberung der Insel Lesbos durch die Venezianer und Franzosen (1502) enthielt, die Überschrift „Neue Zeitung". Eine chronologische, aus zwei Bänden bestehende Sammlung derartiger Zettel befand sich im Kloster zu Tegernsee (Bayern) und wurde von dort

[1]) Siehe Karl Schottenloher, Flugblatt und Zeitung. Verlag Richard Karl Schmidt & Co., Berlin W. 62.

der Staatsbibliothek in München übergeben. Der erste Band umfaßt cedulae aus den Jahren 1471 bis 1506, der zweite solche von 1507 bis 1510. In der Mitte des 16. Jahrhunderts wurde zu der Überschrift „Neue Zeitung" auf diesen cedulae auch die Herkunftsbezeichnung hinzugesetzt, z. B. „französische, niederländische, türkische, neue Zeitung". Der für Zeitungen übliche Ausdruck „Gazette" wird auf die venetianische Scheidemünze Gazeta als Preis der einzelnen ältesten Zeitungsnummer zurückgeführt.

Das Inseratenwesen in den Zeitungen hat zwei Quellen. Die eine besteht in dem natürlichen Anreiz des Herausgebers,

Abb. 64. Laternenmaste und -Stangen als Reklameträger.

Privatpersonen gefällig zu sein und deren Mitteilungen, wenn auch nur in Ausnahmefällen zu verlautbaren — ein Großteil der Ankündigungen zu Beginn des Zeitungswesens war daher unentgeltlich —, die zweite Wurzel bilden die Fragämter, das waren Agenturen für Aufträge, Anfragen nach Waren usw. aller Art; diese Büros trugen zunächst ihr gesamtes Material in Listen ein, in welche sie die Interessenten Einsicht nehmen ließen. Die Veröffentlichung und Vervielfältigung dieser Listen bildeten die sogenannten Intelligenz-Kenntnisblätter.

b) Die Fragämter.

Wenn auch bisher nicht in allen Staaten das Bestehen von Fragämtern, welche, wie schon gesagt, den heutigen Geschäfts-, Immobilien- und Stellenvermittlungen entsprechen, nachweisbar ist, und wenn auch vor Errichtung der Fragämter oder neben ihnen hier und dort separat Inserate in

Abb. 65. **Reklamesäulen vor dem Bahnhofsgebäude in Stuttgart.**
(Seidl's Reklame 1925.)

Zeitungen erschienen sind, so sind die Fragämter doch die stärkste Wurzel des Inseratenteiles unserer heutigen Zeitungen und sind insbesondere sie diejenigen, die die wirkliche Bedeutung des Inserates als erste erkannt, dasselbe systematisch organisiert und in die breite Öffentlichkeit verpflanzt haben.

Die erste Anregung zur Gründung eines Fragamtes war von dem 1569 verstorbenen Vater des berühmten Essaisten Montaigne ausgegangen. „Mein Vater hat immer gewünscht"

Abb. 66. Reklameaufbau in Form der Sphinx.
(Lockmittel einer amerikanischen Grundstückfirma.)

— erzählt der Essaist — „daß es in den größeren Städten einen bestimmten Ort geben sollte, zu welchem diejenigen, welche etwas brauchen, sich begeben könnten, um durch einen eigens zu diesem Zwecke aufgestellten Beamten ihre Angelegenheit registrieren zu lassen, wie z. B.: ‚Ich suche Perlen zu kaufen' oder ‚Ich suche Perlen zu verkaufen....', jeder nach seinem Bedürfnis. Und es will scheinen, daß dieses Mittel der gegenseitigen Benachrichtigung dem ganzen Handel eine große Erleichterung bringen würde."

Abb. 67. Reklameaufbau am Eingange der Technischen Messe in Leipzig, 1926.

Zur Verwirklichung kam dieser Gedanke erst ein halbes Jahrhundert später, als der Pariser Arzt Theophraste Renaudot ein „bureau d'adresse et de recontre" eröffnete, das „un centre d'information et de publicité" sein sollte. 1630 trat dasselbe voll in Wirksamkeit und erfuhr 1633 eine wichtige Ausgestaltung, indem Renaudot die Liste der Angebote und Nachfragen drucken ließ und so das erste „Intelligenzblatt" (= Kenntnisblatt) begründete.

Drei Jahre später, 1636, tauchte auch in Wien der Plan zur Errichtung eines solchen Fragamtes auf, indem Johannes

Angelus von Sumaran, „Hispanus gente", Professor der fremden Sprachen an der Wiener Universität, bei der niederösterreichischen Regierung um die Erlaubnis ansuchte, hier „secundum Parisiensem formam" eine „taberna mercatoria" einzurichten, die der Jurisdiktion der Universität unterstellt werden sollte. Die Regierung verlangte hierüber ein Gutachten vom akademischen Senate und dieser übergab die Sache der theologischen Fakultät zur Erledigung. Formelle wie materielle Gründe bestimmten die Fakultät zu einem abweislichen Bescheid. Vor allem war sie gegen die Unterordnung der Fragstube unter die Jurisdiktion der Universität, weil sonst deren Gericht mit Streitigkeiten überlastet werden könnte; weiters wäre nach ihrer Meinung zu befürchten, daß durch diese taberna mercatoria eine Art Monopol geschaffen und viele Personen, die von der Geschäftsvermittlung leben, um ihr Brot gebracht würden; schließlich trat sie dem Vorschlage auch entgegen, weil die Fragstube infolge des regen Verkehrs, der sich dort entwickeln könnte, leicht zu einem „seminarium peccatorum", zu einer Pflanzstätte der Sünde würde. Daß die niederösterreichische Regierung nach dieser Äußerung die angesuchte Bewilligung nicht erteilte, braucht wohl kaum gesagt zu werden.

Fünzig Jahre schlummerte nun der Plan. Erst Wilhelm Freiherr von Schröder griff die Idee wieder auf, indem er in seinem 1686 erschienenen Werke „Fürstliche Schatz- und Rentkammer" (98. Kapitel) zur Förderung des Verkehrs die Errichtung eines Intelligenz (Kenntnis-) Comptoirs, verbunden mit der Ausgabe eines Intelligenzblattes empfahl, aber es währte noch eine Reihe von Jahren, bis der Gedanke Gestalt und Körper annehmen sollte.

Zur Bekämpfung des Bettelwesens, das nach der Türkeninvasion stark überhand genommen hatte sowie zur Versorgung der Armen und der abgedankten Soldaten erbaute Kaiser Leopold I. von Österreich das sogenannte Großarmenhaus vor dem Schottentor und betraute eine eigene Kommission mit der Aufgabe, die Mittel für dessen Erhaltung zu schaffen. Nach langen Beratungen, denen auch der Wiener Stadtrat zugezogen wurde, schlug sie endlich die Schaffung eines Versatz- und

Fragamtes in Wien vor, dessen Erträgnisse der genannten Anstalt zufließen sollten.

Dasselbe wurde auch antragsgemäß auf Grund des Patentes vom 14. März 1707 eröffnet. Da sich das Fragamt jedoch nur langsam durchsetzte, griff es zum Zwecke der Propaganda selbst zum Inserat und machte im „Wiener Diarium" im Jahre 1718 in einer längeren Kundmachung auf seine ersprießliche Vermittlungstätigkeit aufmerksam, versprach den Parteien auch, daß sie „auf verlangenden Fall ohne Benennung des Namens in den monatlich ausgehenden Verkauf in Druck mitinserieren können" und gab gleichzeitig eine Reihe von Gegenständen bekannt, die bei ihm demnächst „zum Feilbieten in Commission kommen" sollten, z. B. „ein Sträußel Praelianten" um 1400 fl., vier große Spiegel mit feingoldenen Rahmen um 2450 fl. u. dgl. m.

Mit dieser Veröffentlichung war ein wichtiger Schritt zur weiteren Ausbildung des Amtes getan: die Herausgabe eines sogenannten „Intelligenzblattes", d. i. eines Kenntnis-Anzeigeblattes, war angebahnt. Die Herausgabe des Intelligenzblattes selbst wurde durch die zahlreichen Beschwerden über das Fragamt veranlaßt. Um das Amt „auf einen besseren Fuß als es vorhin gewesen" einzurichten, wurde nämlich dessen Administration einer „tauglichen Person dergestalt anvertrauet, daß dem Publico keine mehrere Beschwärde aufgebürdert werde". Eine der ersten Einrichtungen, die der neue Administrator des Wiener Fragamtes traf, war die Herausgabe eines selbständigen Blattes, das vom 14. April 1728 angefangen jeden Mittwoch und Samstag unter nachfolgendem Titel erschien:

> „Posttägliche Wiener Frag- und Anzeigungs-Nachrichten von allerhand in- und außerhalb der Stadt zu kauffen und zu verkauffen, zu verleihen und zu lehnen, vorkommenden, auch verloren-, gefunden- und gestohlenen Sachen, sodann Personen, welche lehnen und ausleihen wollen, Bedienungen oder Arbeit suchen oder zu vergeben haben, auch sodann Nachrichten von Fuhrleuten, Reisenden, Verheirateten und Geborenen, wie dann auch von Licitationen, Citationen und grundobrigkeitlichen Publi-

cationen; von Kirchen- und Bruderschaffts-Andachten und endlich für die Gelehrten auch von denen aller Orten neu ausgehenden Bücher etc."

Wenn auch dieses Blatt bald darauf mit dem Wiener „Diarium" verschmolzen wurde, so blieb sein Einfluß auf das gesamte Zeitungs- und Inseratenwesen ein bleibender.

Die Geschichte des „Wiener Fragmentes" und des im Verlaufe seiner Tätigkeit von ihm herausgegebenen Intelligenzblattes zeigt uns den typischen Verlauf der Entwicklung des Inserates aus dem Bedürfnis, geschäftliche Mitteilungen von einer bestimmten Stelle aus, einem weiten Interessentenkreise schnell und zuverlässig zur Kenntnis zu bringen.

c) Die Entstehung des Zeitungs- und Inseratenwesens in den einzelnen Staaten.

Die Entwicklung des Zeitungswesens und speziell des Inseratenwesens in den wichtigsten Staaten war folgende:

Deutschland.

Eigentliche Anzeigen[1]) konnten natürlich erst entstehen als die Zeitungen mehr oder weniger regelmäßig erschienen. Bevor jedoch einzelne Zeitungen gegründet waren, gab es in Deutschland sogenannte geschriebene oder fliegende Relationen, welche weniger zur Verbreitung von Nachrichten, als vielmehr zu geschäftlichen Mitteilungen benutzt wurden. Diese Blätter wurden seit dem 15. Jahrhundert von den Postmeistern herausgegeben, welche den öffentlichen Verkehr regelten.

Die von dem Augsburger Handelshause der Fugger seit den sechziger Jahren des 16. Jahrhunderts herausgegebenen, handschriftlichen Ordinari-Zeitungen enthielten auch schon geschäftliche Mitteilungen, die den Anzeigen ähnelten, aber sie waren nur für einen engen Kreis bestimmt.

Im Jahre 1565 erschien die erste Ausgabe des jedes Halbjahr regelmäßig erscheinenden Messekataloges für Bücher,

---

[1]) Siehe T. Kellen, Studien über das Zeitungswesen, Verlag J. Fr. Meißner, Frankfurt a. M. 1907.

welcher auch noch derzeit erscheint und den Namen „Börsenblatt des deutschen Buchhandels" trägt.

Michaelo Aitzing gab vom Jahre 1588 an periodische, zweimal im Jahre erscheinende Berichte über die Frankfurter Frühjahrs- und Herbstmesse heraus.

Die ersten regelmäßig in kurzen Zeitabschnitten erscheinenden Zeitungen datieren aus dem Anfang des 17. Jahrhunderts. Diese Zeitungen enthielten anfänglich nur politische Nachrichten; nach und nach nahmen sie auch Mitteilungen über andere wichtige Ereignisse in nahen und fernen Ländern auf.

Die erste deutsche Zeitung, die Straßburger Zeitung, deren ältester erhaltener, in der Universitätsbibliothek in Heidelberg befindlicher Band aus dem Jahre 1609 stammt, enthält noch keinerlei Anzeigen. Die einzelnen Rubriken hatten die Überschrift „Zeitung aus Köln, Zeitung aus Nürnberg" u. dgl. Auch die erste deutsche Tageszeitung, die 1660 in Leipzig begründet wurde und noch jetzt als „Leipziger Zeitung" erscheint, enthielt lange Zeit keine Inserate.

Die ersten geschäftlichen Ankündigungen durch die Presse betrafen das Erscheinen von Büchern. Die erste deutsche Buchhändleranzeige wird aus dem Ende des 16. Jahrhunderts erwähnt. Die Berliner „Einkommende Ordinari Postzeitungen" brachten in dem 4. Stück aus dem Jahre 1665 folgende Ankündigung: „Hiebei werden einige Relationes von dem Cometen mal 1 Groschen absonderlich verkauft"[1]). In Hamburg bestand seit 1673 ein Blatt, das zum großen Teile aus Anzeigen bestand, nämlich der „Relations-Courier", später „Wieringsche Zeitung", nach seinem Herausgeber Thomas von Wiering genannt. Es erschien viermal wöchentlich und brachte Nachrichten von „Kaufen und Verkaufen". Die „Notificationen" oder „Avertissements" bildeten oft die Hälfte des Blattes. In anderen Städten blieb man dagegen mit dem Anzeigenwesen noch weit zurück, denn in der „Leipziger Zeitung" erschienen erst 1700 die ersten Bücheranzeigen.

Wie aus den sogenannten Intelligenz-Kontoren (Fragämtern) allmählich in Deutschland die Intelligenz- (Kennt-

[1]) Siehe Hjalmar Schacht, Entstehung des Zeitungswesens. Beilage zur Münchener „Allgemeinen Zeitung" Nr. 12 ex 1899.

nis) blätter hervorgegangen, schildert Hjalmar Schacht wie folgt:

„Das Bedürfnis der öffentlichen Anzeigen mußte sich natürlich auch in Deutschland mehr und mehr fühlbar machen. Da es jedoch in dem zersplitterten Reiche an einem einheitlichen Zusammenhang im Verkehr, an gemeinsamen interlokalen Beziehungen mangelte, so beschränkte sich dies Bedürfnis stets auf einen kleinen, lokalen Kreis. In England war London die große Zentrale, in der sich das ganze kaufmännische Leben wie in einem Brennpunkte vereinigte. In Deutschland gab es eine solche Zentrale nicht, vielmehr war fast jede kleine Residenz, jede freie Reichsstadt eine kleine Zentrale für das umliegende Gebiet. Nun konnte sich aber in jedem dieser Orte eine Zeitung unmöglich halten. So verfiel man auf die Einrichtung der sog. Intelligenzkontore, durch welche man die Zeitungsanzeigen ersetzte. Es waren dies Bureaux, in welchen Listen ausgelegt waren. In diese Listen trug jeder sein Anliegen ein, Käufer, Verkäufer, Mieter, Vermieter, Arbeitnehmer, Arbeitgeber usw. Hatte jemand Nachfrage nach irgendwelchen Dingen, so ging er aufs Intelligenzkontor und suchte in den Listen, ob er das für ihn Passende verzeichnet fand; war dies nicht der Fall, so trug er seine Nachfrage ein und wartete, bis daraufhin ein passendes Angebot erfolgte. Diese Einrichtung war natürlich höchst umständlich. Und so gesellte sich zu den Intelligenzkontoren bald die Einrichtung der Intelligenzblätter, d. h. man vervielfältigte einfach die Listen und gab sie gewissermaßen als Zeitungen aus. Indes war auch so das Verfahren immer noch sehr umständlich und vermochte keineswegs das gesamte Zeitungsanzeigewesen zu ersetzen. Doch hat es namentlich von gelehrten und amtlichen Stellen lange Zeit hindurch die größte Befürwortung und Förderung erfahren."

Die Intelligenzblätter haben unstreitig das Verdienst, daß sie das Publikum ans Inserieren gewöhnten. Sie haben aber später insofern hindernd auf die Entwicklung der politischen Zeitungen eingewirkt als sie für sich das Monopol der Anzeigen in Anspruch nahmen und die Behörden es ihnen auch lange Zeit zu erhalten suchten.

In Frankfurt a. M. wurde 1722 vom Buchdrucker Anton Hinscheidt ein Intelligenzblatt gegründet, die sogenannten „Frankfurter Frag- und Anzeigennachrichten"; sie enthielten auch Personalien (Geburten, Heiraten, Todesfälle). In Preußen erschienen im September 1727 und im Juli 1728 Kabinetts-Ordren, die die Gründung je eines amtlichen Intelligenzblattes in Berlin, Magdeburg, Halle, Königsberg, Stettin, Minden, Duisburg und anderen Städten anordneten. Diese Blätter hatten das ausschließliche Privileg der Erstveröffentlichung von Inseraten betreffend Dienststellen und geschäftlichen Mitteilungen. Gleichzeitig wurde den Herausgebern der bisherigen Zeitungen bekanntgegeben, daß sie sich für die Folge bei Verlust ihrer Privilegien, ja unter Umständen noch härterer Strafe, der Erstververöffentlichung aller Inserate, die sich auf Dienststellen, Kauf oder Verkauf, Auktionen, Subhastationen usw. bezögen, zu enthalten hätten; hiergegen erhoben die Zeitungsbesitzer als Beeinträchtigung ihrer Privilegien lebhaften Einspruch; es kam zu langen Verhandlungen, doch blieben die Intelligenzblätter bestehen, während die Zeitungsverleger nur erreichten, daß ihnen wenigstens gestattet wurde, solche Inserate zu bringen, die bereits im Intelligenzblatt veröffentlicht waren.

Während der französischen Herrschaft lockerte sich der Intelligenzzwang etwas. Nach der Wiederaufrichtung der preußischen Herrschaft wurden aber die alten Vorschriften wieder scharf betont; da die Verwalter der Intelligenzkontore den 8. Teil der Einnahme erhielten, so suchten sie eben aus dem Geschäfte möglichst viel herauszuschlagen.

Auch im 18. Jahrhundert waren in den deutschen Zeitungen die Anzeigen noch ziemlich selten. Die meisten Nummern hatten nur einige kleine Anzeigen von Privatleuten, manche Nummern sogar gar keine und es ist anzunehmen, daß in vielen Fällen die Anzeigen der Abonnenten, soweit sie nicht rein geschäftlicher Natur waren, unentgeltlich aufgenommen wurden.

Der Weg zum Eheglück durch den Inseratenteil der Presse ist nicht so modern, wie viele glauben. Das gedruckte, älteste Heiratsgesuch dürfte dasjenige sein, welches sich in einer Nummer der zu Frankfurt erschienenen „Frag- und Anzeigungs-Nachrichten" vom 8. Juli 1738 befindet.

In den politischen Zeitungen des 18. Jahrhunderts finden sich in der Hauptsache Bücheranzeigen, Lotterieempfehlungen und amtliche Bekanntmachungen. Für sonstige Anzeigen, z. B. Verkauf von bebauten Grundstücken, wurden die politischen Zeitungen nur selten benutzt, und zwar deshalb, weil sie einen hiefür weniger geeigneten Leserkreis besaßen als die mehr lokalen Intelligenzblätter.

Die Intelligenzblätter gingen mit Beginn des 19. Jahrhunderts allmählich ihrem Ende entgegen. Je mehr Zeitungen entstanden, desto näher rückte für das Intelligenzwesen die Todesstunde. Es war natürlich, daß die Zeitungen, sobald sie nur an Zahl wuchsen, das Intelligenzwesen beiseite schoben. Es geschah dies zum Teil so, daß die Intelligenzblätter aus Mangel an Benutzung einfach eingehen mußten, zum Teil aber verschmolzen sich die Intelligenzblätter rechtzeitig mit den Zeitungen und bewahrten sich so vor einem unvermeidlichen Ende, zum Teil aber formten sich endlich einzelne Intelligenzblätter allmählich zu politischen Zeitungen um, indem sie zunächst anhangsweise politische Nachrichten aufnahmen und dann nach und nach diese zur Hauptsache werden ließen.

Mit dem Eintreten der freieren, wirtschaftlichen Epoche in Deutschland, welche unter den Auspizien der Stein-Hardenbergschen Gesetzgebung einsetzte, erreichte das Zeitungswesen die Vernichtung der Intelligenzblätter und schuf sich in der modernen Zeitungsanzeige endgültig eine freiere Organisation der Zeitungsreklame, wie sie England lange zuvor eingeführt hatte. In Preußen wurde mit dem 1. Januar 1850 die amtliche Ausgabe von Intelligenzblättern eingestellt. Damit hörte natürlich auch der Insertionszwang in diesen Blättern und die Entrichtung einer Abgabe an das Militär-Waisenhaus in Potsdam auf. Seither konnte sich das Inseratenwesen in Preußen frei von jedem staatlichen Zwang entwickeln.

Frankreich.

Die französische Zeitung „Le Journal general d'Affiches", kurz genannt Petites Affiches, wurde auf Grund eines Patentes Louis XIII. am 14. Oktober 1612 herausgegeben. Der Arzt Théophraste Renaudot (1584 bis 1653) hatte im Jahre 1612 in Paris von Ludwig XIII. die Erlaubnis erhalten, ein „bureau d'adresses", eine Art Vermittelungs- und Kommissionsgeschäft (Fragamt), zu errichten. Mit dem Privilegium Richelieus fing er am 1. September 1633 an, eine Gazette „fenille d'avis du bureau d'adresses" zur Vermittelung von Käufen und Verkäufen herauszugeben, und so wurde er nicht nur der Vater des französischen Journalismus, sondern auch des Reklamewesens. Aus diesem Blatte wurden später die sogenannten „Petites Affiches“, die jetzt außerordentlich gut gedeihen. Eine Nachahmung des Renaudotschen Blattes waren die deutschen Intelligenzblätter.

Der Dichter François Colletet gründete 1676 ein „Journal de Paris“, das schon in der ersten Nummer Anzeigen brachte. Aber auf Beschwerde des „Journal de France“ und des „Mercure“ wurde es mit der ersten Nummer unterdrückt.

Die ersten offenkundigen Anzeigen von Privatleuten hat Hatin erst im Jahrgang 1762 der „Gazette“ entdeckt. Zudem waren dies anfänglich nur Anzeigen von Büchern und Karten. Nach und nach gewannen die Anzeigen an Ausdehnung; man stellte sie in einem Paket zusammen und setzte sie ans Ende der Zeitung unter den Strich.

Es war leicht vorauszusehen, daß, nachdem die erste Zeitung den Weg der Reklame betreten hatte, auch die später gegründeten Zeitungen nachfolgen würden. In der Tat finden wir Anzeigen und Reklamen fast in allen französischen Zeitungen. Nicht bloß die Pariser Blätter, sondern auch die französischen Provinzial-Zeitungen stellten sich gleich von Anfang an in den Dienst der Reklame. Von letzteren waren sogar die meisten ursprünglich nur sogenannte „feuilles d'avis“ = Intelligenz- (Kenntnisanzeigen) Blätter. Als die Unruhen der französischen Revolution vorüber waren, gab Napoleon durch ein Dekret vom 26. September 1801 die Genehmigung zur Gründung von periodischen Blättern, jedoch durften die eigentlichen Anzeigeblätter keine politischen oder literarischen Artikel enthalten und mußten also streng von den schon bestehenden Zeitungen geschieden bleiben. Unter der Restauration blieben diese Blätter bestehen und gelangten unter der Juli-Monarchie zu bedeutendem Ansehen, das sie noch heute behaupten, allerdings nicht ohne längst Politik aufgenommen zu haben.

England.

Als älteste englische Zeitung gilt der „The English Mercuria“, gedruckt 1583 bei Christopher Barker; sie wurde zur Zeit als die spanische Armada vor der englischen Küste kreuzte, herausgegeben, um falsche Gerüchte unter der Bevöl-

Numb. 2.

The Weekly Account:

Containing,

Certain Special and Remarkable Passages from both Houses of PARLIAMENT; And Collections of severall Letters from the Armies.

This *Account* is Licensed, and Entred into the Register-Book of the Company of *Stationers*; And Printed by BERNARD ALSOP, *According to Order of* PARLIAMENT.

From *Wednesday* the 6. of Jan. to *Wednesday* the 13. of January. 1646.

WEDNESDAY January 13.

He Commissioners appointed by the Parliament to go to the North, and receive the Kings Person, and then conduct him to Holmeby house, are these

The Earle of Pembroke.
The E. of Denbigh.
The L. Monntague.
Sir Iohn Holland.
Sir Walter Earl.
Sir Iohn Cook.
Sir Iames Harrington.
Major Gen. Brown.
Mr. Iohn Crew.

Two Ministers, *viz.* *Mr. Marshal*, and *Mr. Carol*, go with the Commissioners.

The Commissioners to the Scots Army, are the Earl of Stamford.

B Mr.

Abb. 68. Titelseite der englischen Zeitung „Der Wochenbericht", 1646.

kerung zu bekämpfen. Diese Zeitung hatte ebenso wie die „WeeklyNews", die 1622 von Nathaniel Butter in London gegründet wurde und dort die erste regelmäßig erscheinende Zeitung war, gar keine Anzeigen. Nach dem Vorgang von Frankreich wurden auch in England bereits um die Mitte des 17. Jahrhunderts amtliche Bekanntmachungen veröffentlicht (siehe S. 66).

Über das erste englische Inserat ist folgende Anekdote erhalten: „Es war in London am 12. April Anno 1649, da trat ein Herr, der Honorable, Sir Horsefriend, in die Offizin des Impartial Intelligencer. Mr. Blackwhite, Besitzer, Redakteur und Drucker in einer Person dieser damals einzigen regelmäßig erscheinenden Zeitung Londons, erhob sich unwillig aus seinem weitausladenden Sorgenstuhl, spritzte die breite Kielfeder geschäftig aus und begrüßte seinen Besucher. Wie erstaunte er aber, als er das Anliegen des Gentlemans hörte. — Zwei Pferde waren in der Nacht zuvor gestohlen worden, Lieblingspferde, an deren Wiederbeschaffung ihm sehr viel gelegen sei.

„Was soll ich dabei?" fragte Mister Blackwhite kopfschüttelnd.

‚In Ihrem Intelligencer abdrucken!'

‚Im Intelligencer? No, Sir, das geht nicht!'

‚Warum nicht? — Fünf Schillinge für die Anzeige.'

Und Sir Horsefriend legte fünf schwere Silberstücke auf den Tisch. Mister Blackwhite beschaute die Silberlinge, die anscheinend frisch aus der Münze kamen und gar lieblich in dem zuckenden Kerzenlicht glänzten, und kratzte sich verlegen unter der weißgrauen Perücke. Das war ihm neu! In seinen Intelligencer, der nur Nachrichten von der Regierung, Stadtklatsch und Begebenheiten aus aller Welt brachte, sollte eine Anzeige über einen Pferdediebstahl mit dem Hinweis auf gute Belohnung!

‚Wollt Ihr oder nicht?' Und schon zuckte die Hand des ehrenwerten Gentlemens, das Geld wieder aufzunehmen. ‚Yes, Sir, ich will es versuchen!' Und gemütlich setzte sich Mister Blackwhite in seinen Sorgenstuhl, tauchte die schön geschwungene Gansfeder in die Tinte und fuhr raschelnd und kratzend mit großer Schnörkelschrift über das Papier. Das ‚erste' Inserat entwerfend.

Die Londoner staunten, als sie die erste Anzeige im Impartial Intelligencer lasen. Ob der Honorable Sir Horsefriend auf Grund dieses Inserates zu seinen gestohlenen Lieblingen kam, ist geschichtlich nicht bekannt."

Von der Entwicklung des englischen Zeitungswesens gibt nach H. Sampson folgende Statistik eine Übersicht:

Im Jahre	verkaufte Exemplare
1753	7411757
1760	9464790
1767	11300980
1790	14035636
1792	15005760

Der „Mercurius Politicus“ vom 30. September 1658 enthält z. B. folgendes Inserat: „Der ausgezeichnete, durch alle Ärzte geprüfte China Thee, bei den Chinesen genannt Teha, bei anderen Nationen Tay, anders Tee ist in des Sultaness Haupt Caféhaus in Sweetings Rents bei der englischen Börse erhältlich“. Kurz darauf folgt eine Geheimmittelanzeige in diesem Blatte, und bald nachher schon finden wir in den verschiedenen Blättern häufig Reklamenotizen über „Nervenpulver“, „Antimon-Becher“, „Zahnpulver, um die Zähne zu scheuern und sie weiß zu machen wie Elfenbein“.

Alle diese Zeitungen hatten Oktavformat.

Erst nach dem Abschlusse der Revolution von 1688 scheint dem Publikum der wahre Wert des Anzeigewesens allmählich klar zu sein. Der Unternehmungsgeist regt sich in jeder Form und machte sich in den Inseratenspalten der Zeitungen bemerkbar, die sowohl an Umfang wie an Zahl zunehmen.

Im 18. Jahrhundert nahmen die Anzeigen in den Zeitungen immer mehr zu: namentlich war es auch die Provinzpresse, die dadurch mächtig gefördert wurde. Eine drückende Last bildete dagegen die Inseratensteuer, die 1701 trotz aller Proteste eingeführt wurde. Die Steuer betrug einen Schilling für jede Anzeige ohne Rücksicht auf deren Größe. Dazu kam 1712 auch noch die Zeitungsstempel-Taxe, so daß die Zeitungen nur mehr den wohlhabenden Klassen zugänglich waren. Aber auch diese Fesseln vermochten den Aufschwung des Zeitungswesens nicht dauernd zu verhindern.

Im Jahre 1745 wurde der „General Advertiser“ gegründet, dessen Titel bereits andeutet, welchem Zwecke er gewidmet war. Diese Zeitung war der erste erfolgreiche Versuch in England, ein Blatt nur durch die darin enthaltenen Anzeigen zu erhalten; von Anfang an waren seine Spalten mit Ankündigungen gefüllt; etwa 50 bis 60 regelmäßig geordnete und durch Striche voneinander geschiedene Inserate erschienen in jeder Nummer. Zum ersten Male nahm die Inseratenzeitung ihr modernes Aussehen an. Regelmäßig wurde die Abfahrt von Schiffen angezeigt und die Abbildungen der altmodischen Fahrzeuge mit dem hohen Hinterkastell segeln in ununterbrochener Linie die Spalte hinunter. Handels- und Gewerbeangelegenheiten haben endlich die Oberhand bekommen.

Die „Times", die 1785 unter dem Titel „The Daily Universal Register" begründet wurden, enthielten schon in ihrer ersten Nummer 57 Anzeigen. Dies war der kleine Anfang eines Anzeigenteils, wie ihn keine andere Zeitung hernach erreicht hat.

Die erste bekannte Heiratsanzeige in einem englischen Blatte erschien in dem Londoner „Observer" vom 22. Mai 1797.

Österreich.

Die älteste erhaltene Zeitung Österreichs ist die in Linz in den Jahren 1646 und 1647 gedruckte und erschienene „Ordinari Zeitung", welche sich in der dortigen Stadtbibliothek befindet; sie enthielt keine Inserate.

Am 8. August 1703 war die erste Nummer des „Wiennerische Diarium"[1]) als Halbwochenschrift in Quartformat erschienen, aber erst fünf Wochen darnach, in der Nummer vom 15. September sind am Schlusse des Blattes, hinter der Liste der Todesfälle durch einen Strich getrennt, folgende Zeilen eingerückt:

> „Item ist zu haben die eigentliche Relation von dem von Ihro Römis. Kayserl. und Röm. Königl. Majestäten an deß Ertz-Hertzogen Carls Durchl. beschehenen Actu Cessionis und Declarationis wegen der Succession der Spanischen Monarchie."

In den folgenden Jahren ist der Herausgeber des Diariums, Schönwetter, „Universitätischer Buchhändler beym rothen Ygel" der einzige Inserent seines Blattes. Nur hie und da erscheinen neben seinen Anzeigen Edikte der „in Banco-

[1]) Siehe Jubiläums-Festnummer der Wiener Zeitung vom 8. August 1903.

Sachen verordneten kaiserlichen Ministerial Commission", die den Charakter von Inseraten tragen und meist die Verpachtung von Gefällen, wie des Fleischkreuzeraufschlages oder des Weinzehents betreffen. Eine einzige Abwechslung in dieser etwas eintönigen Reihe bietet das Jahr 1704; hier bringt Nr. 90 des Blattes als Beilage ein Edikt vom 17. März jenes Jahres, das dem J. B. Busi gestattet, „in Wienn ein Lotto oder Glückshafen aufzurichten" und in ausführlicher Weise die „Ordnung und Conditiones" hierfür festgesetzt. Damit führt sich gleichzeitig eine neue Gattung von Anzeigen ein, die namentlich in späteren Jahren manche Spalte des „Diariums" füllen.

Großen Umfang besaß das Inseratengeschäft der ersten Jahre nicht und einträglich kann es auch nicht gewesen sein, denn der stärkste Inserent des „Diariums" war ja sein Herausgeber selbst, der gewiß nichts dafür bezahlt hat; daß die Veröffentlichung der bezeichneten Edikte gegen Entgelt erfolgt sei, ist ebenfalls kaum anzunehmen. Schönwetters Geschäft kann es daher keinen Eintrag getan haben, wohl aber war es für die weitere Ausgestaltung des Anzeigewesens in Wien von weitreichender Bedeutung, als Kaiser Joseph I. im Jahre 1707 ein Fragamt errichtete, das Handel und Wandel befördern und zum Teile jene Funktionen erfüllen sollte, die wir heute den Zeitungsanzeigen zuweisen (s. S. 85 u. f.).

Die Zahl der Ankündigungen im „Diarium" stieg langsam und neben den Anzeigen neuer Bücher tauchten auch solche anderen Inhaltes auf. So finden wir 1708 die erste Verlustanzeige, 1709 kündigt sich mehrmals ein Händler mit physikalischen Instrumenten an, überdies bringt dieses Jahr die erste Ballanzeige; Lotterieankündigungen wechseln mit Diebstahlsanzeigen, bald erscheinen auch die Verkäufer des Egerischen (Franzensbader) und des Rohitscher Sauerbrunnens als jährlich wiederkehrende Inserenten, Kunsthändler, „Steinschneider" (Operatoren), Zahnärzte, Marktfieranten, Bäderbesitzer u. a. m. stellen sich in bunter Reihenfolge ein, bieten ihre Waren aus oder preisen ihre Dienstleistungen an, kurz, der Anzeigeteil des „Diariums" gestaltet sich von Jahr zu Jahr inhaltsvoller und abwechslungsreicher.

Inzwischen setzte auch das Versatz- und Fragamt seine Tätigkeit fort; während aber seine erste Abteilung das Versatzamt, wie die im „Diarium" seit 1715 ziemlich regelmäßig veröffentlichten Listen der verfallenen und zur Versteigerung gelangenden Pfänder zeigen, einen starken Zuspruch hatte, wurde die andere, das Fragamt, von der Wiener Bevölkerung nur wenig benützt.

Vom 6. Juni 1721 angefangen wurde auch die Liste der bei dem Wiener Fragamt „eingeloffenen Negotien" dem „Diarium" beigeschlossen. Eine der ersten erhaltenen Listen ist auf der letzten Seite des „Diariums" vom 17. Jänner 1722 abgedruckt; von ihren 21 Posten, die in neun Gruppen zusammengefaßt sind, mögen im nachstehenden einige angeführt sein, um die Art dieser Ankündigungen zu zeigen. So heißt es:

Nr. 681: Ein schön wohlgebautes Haus auf einer wohlgelegenen Straßen, welches große Nutzungen abwirft, ist in der Stadt zu verkauffen per 60000 fl.; könnte auch ein Wirtshaus daraus gemacht werden.

Nr. 676: Hat ein End Reichen Zeig zu einer Mans-Veste und andere Sorten schwartz Damaschk zu verkauffen.

Nr. 661: Eine qualificirte Person, so mit vornehmer Herrschaft in Ländern gewesen, redet vier Sprachen, ist in Fechten und Tantzen erfahren, wolte Hofmeister-Stelle bey jungen Herrn antretten, ist mit hoher Recommendation versehen.

Ab 14. April 1728 gab das Fragamt eine eigene ausschließlich Inserate enthaltende Zeitung, die jeden Mittwoch und Samstag erscheinenden „Posttäglichen Frag- und Anzeigennachrichten" heraus.

Anfangs erschienen „Diarium" und die „Frag- und Anzeigungs-Nachrichten" als selbständige Blätter nebeneinander; das erstere behielt seinen Inseratenteil bei und brachte mitunter sogar Anzeigen des Fragamtes selbst, solche „Negotien" betreffend, an deren weiterer Verbreitung diesem besonders gelegen war. Sieht man von der bei den Zeitungen gemeinsamen Person des Druckers und Verlegers ab, so bestanden zwischen beiden Blättern keinerlei Beziehungen.

Der weitere Ausbau läßt sich mit einigen wenigen Strichen zeichnen. Das Kundschaftsblatt, für das anfangs 400, später 450 und schließlich 850 fl. als Pachtschilling an das Versatzamt gezahlt werden, geht mit der Zeit im „Diarium", bzw. der „Wiener Zeitung" ganz auf. Seine Erben und Nachfolger erhalten vom Staate ein wirkliches Inseratenmonopol übertragen, in das der Pachtvertrag von 1847 die erste Bresche legt, bis die Ereignisse des Sturmjahres 1848 und der Folgezeit es ganz beseitigen.

Nachstehend mag noch eine kleine Statistik der Anzeigen des „Diariums" während der ersten dreißig Jahre seines Bestandes einen kleinen Überblick über die Anfänge des Inseratenwesens in Österreich geben. Wenn sie auf Vollständigkeit auch nicht Anspruch erheben kann, da das Urmaterial lückenhaft und ungenau ist, so läßt sie doch auf den ersten Blick das langsame, aber stetige Anwachsen des Inseratenteiles erkennen und zeigt mit voller Deutlichkeit die erfolgreichen Bemühungen des Herausgebers des „Diarium", J. P. van Ghelens, um diesen Geschäftszweig, dessen Entwicklung durch die Ausgabe der „Posttäglichen Nachrichten" (seit 1728) nicht gehemmt wurde. Das „Diarium" brachte

im Jahre	Anzeigen	im Jahre	Anzeigen	im Jahre	Anzeigen
1703	8	1713	18	1723	147
1704	8	1714	13	1724	159
1705	7	1715	43	1725	188
1706	15	1716	50	1726	169
1707	21	1717	64	1727	221
1708	16	1718	88	1728	229
1709	34	1719	68	1729	260
1710	21	1720	82	1730	304
1711	13	1721	82	1731	324
1712	19	1722	89	1732	371

Amerika.

In der 1704 in Boston begründeten Zeitung „The Boston News Letter" erschienen schon in den ersten Nummern einige wenige Anzeigen, doch fehlten solche auch wochenlang vollständig. Jahre hindurch waren selten mehr als zwei Anzeigen in einer Nummer zu finden. In der Pennsylvania Gazette vom Juni 1742 finden wir z. B. folgende Anzeige:

„To be sold. A likely Servant Woman having three years and a half to serve. She is a good spinner. (Abzugeben. Ein hübsches Dienstmädchen, welches noch zu einer (unentgeltlichen) Dienstzeit von 3½ Jahren verpflichtet ist; sie versteht auch gut zu spinnen.)"

Im Pennsylvania Staatsboten vom 9. November 1764 ist folgende Notiz enthalten:

„Deutsche Ankömmlinge. Heute ist das Schiff Boston, Capitän Mathäus Carr. von Rotterdam hier angelangt mit etlichen Hundert Deutschen; unter welchen sind allerlei Handwerker, Tagelöhner, junge Leute, sowohl Manns- wie Weibspersonen, auch Knaben und Mädchen befinden. Diejenigen, welche geneigt sind, sich mit dergleichen zu versehen, werden ersucht, sich zu melden bei David Rundle in der Frontstraße."

Die erste Nummer der New Yorker Staatszeitung (1787) enthält bereits 34 Inserate; dieses Exemplar ist in der New Yorker historischen Gesellschaft aufbewahrt.

Im Jahre 1800 gab es in Nordamerika bereits mehr als 150 Zeitungen. Aber mit den Anzeigen sah es immer noch sehr schwach aus. Jahre und wieder Jahre hindurch nur vereinzelte Anzeigen, genau wie in Europa. In den frühesten Zeitungen waren die Inserate nicht einmal durch einen Strich oder sonst ein Kennzeichen vom redaktionellen Teil getrennt; alles ging bunt durcheinander. Nicht einmal durch eine zweizeilige Initiale, wie sie jetzt in englischen Zeitungen allgemein bei Anzeigen üblich ist. Diese Übung kam erst lange, nachdem schon einzelne Druckfirmen die Anzeigen voneinander durch eine Linie oder, um einen technischen Ausdruck zu gebrauchen, durch eine schmale Reglette trennten, auf.

China und Japan.

Sogar in den in den entferntesten Ländern der fremden Weltteile erscheinenden Zeitungen finden wir Anzeigen. So enthalten z. B. die chinesischen Zeitungen gewöhnlich eine Seite Anzeigen. Speziell von „Hua-Pao" wird berichtet, daß seit 1885 der Anzeigenteil Bedeutung erlangt hat. Sogar „General-Anzeiger", die hauptsächlich auf Anzeigen ausgehen, werden in China betrieben. Der chinesische Kaufmann hat die Wichtigkeit des Inserates schnell eingesehen und bedient sich deshalb schon in ausgedehntem Maße dieses öffentlichen Anpreisungsmittels. Nach dem Vorbild der englischen Blätter werden zahlreiche Anzeigen gleich auf die erste Seite gedruckt.

Noch mehr wird in Japan von der aufstrebenden Geschäftswelt der Inseratenteil der Zeitungen benutzt[1]).

---

[1]) Siehe Berliner A., Japanische Reklame in der Tageszeitung, 1925.

Abb. 69. Farbige Ankündigung einer Möbelfabrik, Anfang des 19. Jh.
(Wiener Theaterzeitung.)

d) Das Zeitungsinserat im 19. Jahrhundert.

Schon im 18. Jahrhundert finden wir hie und da neben dem Inseratentext auch einen Holzschnitt; in einzelnen Fällen umfassen diese Ankündigungen sogar bereits ganze Seiten. Es überwiegt jedoch das einfach gesetzte Inserat, und zwar nicht nur bei den kleinen Anzeigen, sondern auch bei den größeren geschäftlichen Mitteilungen. Bezüglich der Form der kleinen Anzeigen ist es wichtig, daß diese in der Regel in gleicher Schrift dem redaktionellen Texte nachfolgen, von ihm jedoch durch eine Linie und durch ein vorausgesetztes N. B. unterschieden sind.

Der große Aufschwung des Zeitungsinserates fällt erst in die Mitte des 19. Jahrhunderts. Er beginnt in Frankreich, England und Amerika und verbreitete sich bald von hier aus über alle Staaten. In dieser Entwicklung ist die Fortbildung des Inserates selbstverständlich mit der Fortbildung der Reproduktionsmethoden enge verbunden, ebenso wie dies beim Plakat und der Zeitung selbst der Fall ist (s. S. 83).

Daß aber findige Köpfe selbst dieses Hindernis zu überwinden wußten, zeigt die Abbildung 69 aus dem ersten Viertel des 19. Jahrhunderts, bei welchem der handkolorierte Kupferstich als Auskunftsmittel gewählt wurde, um ein vielfarbiges Inserat herauszubringen. Daß ein solches Inserat im Hinblick auf die sehr bedeutenden Herstellungskosten und die geringe Anzahl der hergestellten Exemplare zu Einzelerscheinungen gehören mußte, liegt in der Natur der Sache.

Auch um die Mitte des 19. Jahrhunderts finden wir noch immer zum überwiegenden Teile Inserate mit sehr langem Texte in ziemlich eintöniger Satzform, ohne Rücksicht auf die Individualität des für das betreffende Inserat in Betracht kommenden Lesers (s. Abb. 70).

Den Gegenstand der Inserate bilden neben den bereit aus den frühesten Zeiten herkömmlichen Kauf- und Verkaufsanträgen von Immobilien, dem Arbeitsmarkte, Personalien wie Hochzeiten, Geburten und Todesfällen auch Angebote von Büchern, Schaustellungen, Versicherungsanstalten, Verkehrsunternehmungen, Heilmittel und Heilbäder.

Mitte des 19. Jahrhunderts verursachten zwei Erscheinungen in diesem Stillstande eine plötzliche Änderung. Es sind dies einerseits die um diese Zeit besonders in den europäischen Staaten eingeführte Gewerbefreiheit sowie die Aufhebung des Konzessions- und Zunftwesens und anderseits das Erscheinen der illustrierten Zeitungen. Die ersten

Friedrich Voigtländer

Mechanicus und Opticus aus Wien,

zeigt hiemit an, daß er bey Herrn Kunsthändler Ferdinand Tomala hier, ein vollständiges Commissions-Lager vorzüglicher

optischer Instrumente,

aus seiner eignem Fabrique in Wien, errichtet habe; bestehend: In feinen Stahlbrillen von allen Gattungen, dann Brillen und Lorgnetten mit periscopischen (umsichtlichen) Gläsern nach Wollaston von Stahl, Horn, Silber, Schildkröte und Gold; ferner achromatische Theater-Perspektive, goldplatirt, von verschiedener Größe, und geschmackvollen Formen; seine allgemein bekannten, von ihm erfundenen, und sowohl im Inn- als Ausland mit Beyfall aufgenommene doppel Theater-Perspektive, für beide Augen zugleich; silber platirte achromatische Auszug Fernröhre, Stock-Fernröhre, und mehr dergleichen Gegenstände.

Diese Instrumente haben dieselben Preise wie in Wien, und sind mit seinem Nahmen bezeichnet

Während seines hiesigen Aufenthaltes von einigen Tagen, bittet er jene Personen, welche ihn selbst mit Aufträgen beehren wollen, sich an obige Kunsthandlung zu wenden.

Pesth den 8-ten November 1827

Abb. 70. Einfach gesetzte Anzeige der optischen und mechanischen Werkstätte Voigtländer & Sohn, A.-G., Braunschweig, 1827.
(Illustrierte Zeitung, Leipzig 1827.)

illustrierten Blätter waren das in London im Jahre 1832 erschienene Penny Magazine und die 1842 erschienenen Illustrated London news, die 1843 in Paris erschienene L'illustration und die im gleichen Jahre in Leipzig erschienene Illustrierte Zeitung.

Die illustrierten Zeitungen bemühten sich energisch, den redaktionellen Text zugkräftiger und interessanter zu machen und ihn durch bildliche Darstellungen zu beleben. Diese Bestrebungen des redaktionellen Teiles fanden sofort auch im administrativen Teil eifrige Nachahmung und dieser zeigt bald nicht bloß eine interessantere Textierung der Inserate, sondern auch den Beginn einer sehr zweckmäßigen Illustration (s. Abb. 71—73).

Die Inserate haben auch die damals im redaktionellen Teile übliche direkte Anrede an das Publikum (s. Abb. 71) übernommen; damit war der Anlaß gegeben, daß sich das Inserat mit der Person des für dasselbe in Betracht kommenden Lesers beschäftigte und es begann die Individualisierung des Inserates im Gegensatze zu der bisher üblichen Schablone. Bald nachher wurde auch der kategorische Hinweis (s. Abb. 74 u. 75) im Inserate beliebt, aus dem sich dann die imperative Ansprache, wie „Auch Sie müssen für Ihre Gesundheit sorgen“ u. dgl. entwickelte.

Abb. 71. Anzeige in Anredeform.
(Illustrierte Zeitung, Leipzig, 1857.)

Die Ausstattung und technische Herstellung der Inserate hielt vollständig gleiches Tempo mit der Entwicklung des Zeitungswesens überhaupt. Mit der Verwendung der Autotypie für Illustrationen im redaktionellen Teile erfolgte beinahe gleichzeitig auch eine solche für Illustrationen im Inseratenteile. Bereits in den 90er Jahren finden wir Inserate, welche auf diese Weise hergestellt wurden (s. Abb. 73) und bereits im Jahre 1900 erschienen auch schon auf chromolithographischem Wege mit Hilfe der farbenempfindlichen, photographischen Platte hergestellte Inserate.

Je umfangreicher der Inseratenteil wurde, je flüchtiger ihn der Leser behandelte, um so wichtiger wurde für den Inserenten die Frage: „Wie kann der Blick des Lesers an dem Inserate festgehalten und wie kann der Eindruck des Inserates ein dauernder werden?“

Abb. 72. **Erstes illustriertes Inserat in der „Illustr. Zeitung“, Leipzig, 1854 (auffällige Darstellung der Dauerhaftigkeit der Wertheimer-Kassen).**

Um die Aufmerksamkeit des Lesers zu erregen, suchte man, ähnlich wie beim Plakat, einerseits die Kunst heranzuziehen und anderseits der Ermüdung des Lesers durch Verminderung des Textes auf das Allerunumgänglichste zu begegnen. Trotzdem wurde die Lösung des Problems immer schwieriger, so daß man sich schließlich genötigt sah, an den Leser selbst mit der Frage heranzutreten, wie das wirklich wirksame Inserat auszusehen habe.

Zu diesem Zwecke veranstalteten einzelne Zeitungen Konkurrenzen für die wirksamsten Inserate, wobei

Abb. 73. Illustriertes Inserat, hergestellt mit Hilfe der Autotypie, 1895.

das Publikum die Schiedsrichterrolle erhielt. Um den Anreiz des Publikums zur Beteiligung an diesen Konkurrenzen zu steigern, wurde eine unabhängige, aus Fachleuten zusammengesetzte Juri gebildet und diejenigen Leser, welche von

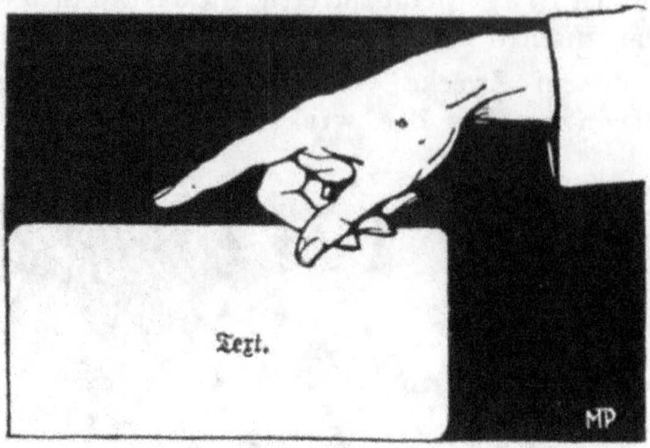

Abb. 74. Inserat in imperativer Form.

Abb. 75. Inserat in imperativer Form.

den in einem bestimmten Zeitraume erschienenen Inseraten, die nach der Ansicht der Juri wirksamsten herausfanden, wurden mit Preisen bedacht. Die auf die einzelnen Inserate entfallende Zahl der Zuschriften des Publikums gibt nebenbei dem Herausgeber ein ziemlich echtes Bild über die Stärke der Wirkung der einzelnen Inserate auf die Leser. Die Abb. 76 u. 77

Abb. 76. Prämiertes Inserat (antike Form) aus dem „Neuen Wiener Tagblatt", 1925.

zeigen derartige, preisgekrönte Inserate, welche aus der im Neuen Wiener Tagblatt im Jahre 1925 durchgeführten Preiskonkurrenz[1]) siegreich hervorgegangen sind.

Interessant an dem Ergebnis der Konkurrenz ist, daß das Underwoodinserat mit seiner plakatähnlichen Wirkung, mit seiner geradezu imposanten Perspektive einen überraschenden Kontrast zu dem für das Waschpulver Persil erschienenen Inserate bildet, welches für den Inserenten im Hinblick auf die

[1]) Das Ergebnis wurde am 16. April 1925 veröffentlicht.

angekündigte Ware vielleicht nicht übermäßig zweckmäßig ist, aber durch den Kontrast seiner antiken Schrift und Um-

Abb. 77. Prämiertes Inserat (Plakatwirkung) aus dem „Neuen Wiener Tagblatt", 1925.

rahmung von den modernen Bildern wirksam absticht und so die Aufmerksamkeit des Lesers auf sich zieht.

Die fortlaufende Veranstaltung derartiger Konkurrenzen des Publikums zur Feststellung des wirksamsten Inserates erweist sich für die Zukunft geradezu unerläßlich, um den Inserenten ständig über den wechselnden Geschmack des Publikums und über die ständig wechselnde Wirkung seiner Inserate zu informieren.

e) Die Reklame als Zeitung.

Große Reklameinteressenten sind schon relativ früh dazu übergegangen, sich nicht bloß auf Inserate in selbständigen, von ihnen unabhängigen Zeitungen zu beschränken, sondern eigene Zeitungen für die Zwecke ihrer Propaganda herauszugeben.

In erster Linie sind hier die sogenannten Fremdenzeitungen, welche von den Verkehrs- und Kurkommissionen einzelner Orte herausgegeben werden, zu nennen. Die ältesten sind die des Schweizer Badeortes Ragaz mit dem Erscheinungsjahre 1863 und die der Vierwaldstädter-See-Gemeinden mit dem Erscheinungsjahre 1869.

Dem Warengeschäfte dienen die sogenannten Hauszeitungen, welche von gewerblichen oder kaufmännischen Unternehmungen für ihre Kundschaft herausgegeben werden. Der Zweck der Hauszeitschriften liegt im wesentlichen darin, Zeugnis abzulegen für die Bedeutung und die Neuheiten eines Unternehmens, das genügend Stoff und Anlaß für ein regelmäßig erscheinendes Blatt besitzt, ferner ständig den Abnehmern oder sonstigen in Betracht kommenden Kreisen Nachrichten über das Geschäftshaus zu übermitteln und zumeist auch für die Verbreitung von Ankündigungen vom billigeren Zeitungsporto Nutzen zu ziehen; zahlende Bezieher treten oft ganz zurück. Von den für Reklamezwecke in Betracht kommenden Hauszeitschriften zu unterscheiden sind die nur für innere Aufgaben, nämlich die der Unterweisung usw. des eigenen Personals dienenden von größeren Geschäftshäusern geschaffenen periodischen Druckschriften.

f) Die Fachpresse.

Zur Fachpresse gehören einerseits die eigentlichen Fachzeitschriften (Blätter, die in bestimmten Fachkreisen bzw. Gewerbezweigen gelesen werden, Vereins- und Verbandsorgane), anderseits die unterhaltenden Zeitschriften (illustrierte Zeitungen und allgemeine Unterhaltungsblätter). Die Entstehung der meisten dieser Blätter fällt erst in das 19. Jahrhundert; in allen diesen findet sich die Anzeigereklame in ganz besonders ausgedehntem Maße.

Die Fachzeitschrift ermöglicht fast jeder Anzeige eine speziell in den betreffenden Interessenkreisen durchzuführende Werbung. Die Unterhaltungsblätter dagegen dienen mehr allgemeinen Empfehlungen, vornehmlich solchen für den Bedarf des Haushaltes, die sich an die große Masse richten.

Das Inserat trifft man ferner in Büchern, und zwar in Adreß- und Telephonbüchern, in Kalendern und Jahrbüchern, in Katalogen, in Büchern allgemeinen Inhalts usw.

Das Adreßbuch geht in England und Frankreich bereits auf das Ende des 18. Jahrhunderts zurück; es gehört mit zu den am meisten benutzten Werbemitteln. Die Eintragung der Firmen in den diversen Rubriken, entweder durch Fettdruck oder durch eine an zweckentsprechender Stelle angebrachte Anzeige ermöglicht es, dem Interessenten gegenüber Aufmerksamkeit zu erregen oder sich in Erinnerung zu bringen.

Bei der Buchreklame entscheidet für die Benützung, wie bei allen hier besprochenen Reklamearten, vor allen Dingen die Art der zu verkaufenden Ware und der Kreis für ihre Verbreitung.

Schließlich finden wir noch die Anzeigenreklame in Programmen, auf Speisekarten, in Lesezirkelmappen, in sonstigen diversen Mappen, Einbänden, auf Schreibunterlagen u. a. m.

Für die Anzeigenreklame in der Fachpresse ist es von grundlegendem Wert, die Wahl der benutzten Organe derart zu treffen, daß in den Lesern die Vorbedingungen für ein Interesse an dem Gegenstand, für den geworben werden soll, vorhanden sind.

g) Die redaktionelle Reklame.

Die ältesten Zeitungsankündigungen weisen zwar den gleichen Druck und die gleichen Lettern wie der redaktionelle Text auf, unterscheiden sich aber in der Regel von diesem dadurch, daß sie von den lokalen Nachrichten, denen sie zumeist folgen, durch eine Linie getrennt sind und ihnen außerdem die Buchstaben N. B. (P. S. = Post scriptum) vorgesetzt sind.

Der französische Zeitungsherausgeber Emil de Girardin führte im Jahre 1820 das System der Textreklamen ein. Er vermischte sie mit den lokalen Nachrichten, um so den Anschein einer redaktionellen Mitteilung zu erwecken, ließ sich sie jedoch mit 3 Franken pro Zeile bezahlen. Da der redaktionelle Teil genauer als der administrative Teil gelesen wird und die darin aufgestellten Behauptungen auch größeres Vertrauen beim Publikum genießen, so ist es selbstverständlich, daß eine derartige redaktionelle Reklame bedeutend größeren Wert für den Inserenten besitzt als eine schon der Form nach als Inserat erscheinende Ankündigung.

Die redaktionelle, auch unterirdische oder anonyme benannte Reklame hat zwei Entwicklungsstufen. Die erste besteht darin, daß sich eine in Form der übrigen Mitteilungen verfaßte Nachricht, die außerdem noch überaus interessant beginnt, zum Schluß als Reklame enthüllt. Als Beispiel hierfür diene folgende, in einer französischen Zeitung erschienene Notiz:

„Ein widerspänstiges Dienstmädchen Es gibt Dienstmädchen aller Art, gute und böse, aber ein solches wie Elodie Grattevier findet man nicht alle Tage Schon seit 30 Jahren steht diese im Dienste ihrer alten Herrin und hatte sich bis jetzt fortwährend fleißig und fügsam gezeigt, indem sie z B mit der größten Gewissenhaftigkeit all die alten Möbel ihrer Herrin instand hielt Plötzlich aber wurde es anders Elodie weigerte sich, die Möbel wie gewöhnlich abzustäuben und ließ trotz aller Ermahnungen Tische und Kanapees mit Staub bedeckt Ihre Herrin wollte sie ein letztesmal zur Rede stellen. Da kam aber Elodie mit einer Zeitung herbei „Wie, sagte sie, ich soll Ihren alten Kram instand halten, wo Sie sich so leicht Möbel nach der neuesten Mode bei Janioud jun, Rochechouart-Straße 61, zu kulanten Bedingungen verschaffen können? Und so mußte die Dame, um ihre Elodie nicht zu verlieren, sich an das große Möbelgeschäft wenden"[1])

Die zweite Entwicklungsstufe besteht darin, daß in der Ankündigung jeder Reklamecharakter vollständig beseitigt wird und eine Unterscheidung von den redaktionellen Notizen überhaupt unmöglich wird. Als Beispiel diene folgende Notiz.

„Großer Auftrag für eine englische Maschinenfabrik Der Präsident des amerikanischen Staates . hat die Maschinenfabrik N . B . . . in Manchester besichtigt und auf Grund des aus-

[1]) s T Kellen, Lehrbuch der kaufm Propaganda, S 110, Leipzig.

gezeichneten Eindruckes von den Erfolgen der Fabrikate für die Staatsdomänen fünf Waggons diverser landwirtschaftlicher Maschinen bestellt. Gleichzeitig erklärte er, über seine Erfahrungen durch das Landwirtschaftsministerium den Grundbesitzern seines Staates berichten zu lassen. Die Produktion des Unternehmens ist für die nächsten Monate bereits vollständig verkauft."

Diese Notiz, die zweifelsohne lediglich für Börsenzwecke lanziert wurde und vielleicht gar nicht oder nur zum Teile auf Wirklichkeit beruht, ist für das breite Publikum überhaupt nicht mehr von dem redaktionellen Teile unterscheidbar.

Gegen diese Art der Irreführung des Lesers wurde sowohl von Seite der Journalisten als auch von Seite des dupierten Publikums Widerspruch erhoben. Dem im Sommer 1894 in Hamburg stattgefundenen Deutschen Journalisten und Schriftstellertag ist folgende Resolution unterbreitet worden, die aber nicht zur Besprechung kam:

„Der Journalisten- und Schriftstellertag erklärt es für eine Ehrenpflicht aller anständigen Zeitungen, geschäftliche Anpreisungen im redaktionellen Teile zu unterlassen und gemeinschaftlich dahin zu wirken, daß solchen Reklame-Annoncen mit allen zulässigen Mitteln Einhalt getan werde."

In Österreich wurde in dem Preßgesetz vom 7. April 1922 folgende Bestimmung angenommen:

„In einer Zeitung müssen Ankündigungen und Anpreisungen, für deren Aufnahme die Zeitung ein Entgelt erhält, als solche deutlich zu erkennen sein. Der Herausgeber und der Eigentümer einer Zeitung, in der diese Vorschrift verletzt wird, sind wegen Übertretung zu bestrafen. Daneben ist auf den Verfall des Entgeltes zu erkennen, das für die verschleierte Ankündigung genommen worden ist.

Wer einen Vermögensvorteil annimmt, um herbeizuführen, daß in einer Zeitung eine Veröffentlichung erfolgt oder unterbleibt, hat ihn dem, der den Vorteil geleistet hat, auf dessen Verlangen zurückzuerstatten, wenn es den guten Sitten widerspricht, Veröffentlichungen solcher Art gegen Entgelt zu bewirken oder zu unterlassen. Der Anspruch erlischt drei Jahre nach Leistung des Vermögensvorteiles. Gegen Erben kann er nur geltend gemacht werden, soweit sie bereichert sind."

Auch in einer Reihe anderer Staaten sind ernste Bestrebungen im Gange, die Presse auf gesetzlichem Wege von dieser Art von Inseraten zu reinigen, um so mehr, als in einzelnen Fällen das anonyme Inserat tatsächlich sowohl dem Konkurrenten als auch dem Publikum schweren Schaden zugefügt hat. Ein positiver Erfolg ist jedoch mit Ausnahme von Österreich nirgends, insbesondere auch nicht in England, Deutschland oder Frankreich erzielt worden.

VII. Die Geschäftsmarke.

Unter Geschäftsmarke versteht man Zeichen, welche auf der Ware und deren Verpackung angebracht sind, um die Ware im Verkehr als aus einer bestimmten Ursprungsquelle herstammend erkennbar zu machen und von anderen Waren zu unterscheiden. Der Zweck liegt einerseits darin, die Ware zu individualisieren, von anderen Waren zu unterscheiden, die Ursprungsstätte vom Detailleur unabhängig zu machen und dem Publikum die Wahl der Ware zu überlassen, anderseits darin, dem Publikum eine Ware zu liefern, zu deren Qualität, Quantität und Preisangemessenheit es im Hinblick auf die durch die Marke feststehende und ihm bekannte Ursprungsstätte das nötige Vertrauen besitzt.

Schon die antiken Keramiken weisen eingepreßte Herkunftszeichen auf. Beeinflußt wurde die weitere Entwicklung des Geschäftszeichens durch die Übung, auf dem Metallgelde das Wappen oder ein sonstiges Herkunftszeichen einzuprägen; da die Regierungen nun vielfach auch eigene Erzeugungen von Waren aller Art besaßen, so wurden auf diesen Waren ähnliche Herkunftszeichen wie auf den Münzen angebracht.

Die Bildmaler des 15. Jahrhunderts fügten den von ihnen hergestellten Heiligenbildern regelmäßig den Zusatz bei: „Zu haben bei . . . . .", um den Käufer in ihre Produktionsstätte zu führen und sich gegen Nachahmer zu sichern.

Die Buchdrucker, die wohl zu den ältesten Kaufleuten mit einem über den lokalen Bedarf hinausgehenden Absatzgebiete gehörten, haben als erste das Geschäftszeichen in großem Umfange verwendet. Die Abb. 78 zeigt das auf einem der ältesten Drucke angebrachte Geschäftszeichen

Abb. 78. Buchdruckerzeichen.
(Bernhard Richel, Basel, 1482.)

des Basler Buchdruckers Bernhard Richel aus dem Jahre 1482 (s. Abb. 78).

Der Buchdrucker Benedikt Hektor gab um die Wende des 15. Jahrhunderts seinen Kunden folgenden Rat: „Käufer, wenn Du Bücher aus meiner Druckerei kaufen willst, gib acht, schau auf mein Geschäftszeichen, welches sich auf der Titelseite befindet; so wirst Du niemals getäuscht werden. Übelwollende Drucker haben nämlich meinen Namen auf ihre

Abb. 79. Buchdruckerzeichen, Mitte des 16. Jh.

minderwertigen und fehlerhaften Erzeugnisse gesetzt, damit sie sie leichter verkaufen können." Einen ähnlichen Rat gab um die gleiche Zeit der Buchdrucker Jocodus Badius in Paris seinen Kunden, damit sie mit Hilfe seines Zeichens gut auskorrigierte und druckfehlerfreie Ware erhielten. In diesen Ratschlägen liegt die typische Qualitätsgarantie der Ware durch die Verwendung des Geschäftszeichens.

Als sich der Handelsverkehr über Italien immer mehr ausdehnte, finden wir auch auf den von dort eingeführten Waren sogar bereits relativ fein ausgeführte Firmenzeichen (s. Abb. 80 u. 81). Die Abb. 82—84 geben den Beweis, daß vor allem bei Waren, die der Käufer auf ihre Qualität nicht leicht überprüfen konnte, d. i. z. B. Blattgold, Geschäftszeichen üblich waren. Im Laufe des 18. und 19. Jahrhunderts wurde auch auf das ästhetische Aussehen der Geschäftszeichen besonderer Wert gelegt und die Abb. 85 zeigt diesbezügliche ernste, künstlerische Bemühungen.

Abb. 80. Handelsmarke, Ende des 16. Jh.
(Holzschnitt 10 × 10 cm.)

Abb. 81. Handelsmarke, erste Hälfte des 17. Jh.
(Kupferstich 10,5 × 10,5 cm.)

Abb. 82. Handelsmarke, Ende des 17. Jh.
(Kupferstich 8,5 × 7,5 cm.)

Abb. 83. Handelsmarke, Ende des 17. Jh.
(Kupferstich 7 × 6,5 cm.)

Die vielen Nachahmungen der aus gewissen Ländern stammenden und berühmt gewordenen Erzeugnisse, deren Herkunftsbezeichnung allein, ihre Echtheit vorausgesetzt, ähnlich einem die Qualität garantierenden Geschäftszeichen wirkte, wie dies z. B. bei venezianischem Glas, flämischem

Tuch, Brüsseler Spitzen, Solinger Stahl der Fall war, veranlaßten Landesgesetze zum Schutze der obigen Bezeichnungen. So besitzen z. B. das Rheinland und Westfalen bereits im 17. und 18. Jahrhundert Landesgesetze zum Schutze ihrer Stahlwaren, die allerdings bei ihrer territorial beschränkten Wirksamkeit den gewünschten Zweck nicht erreichen konnten.

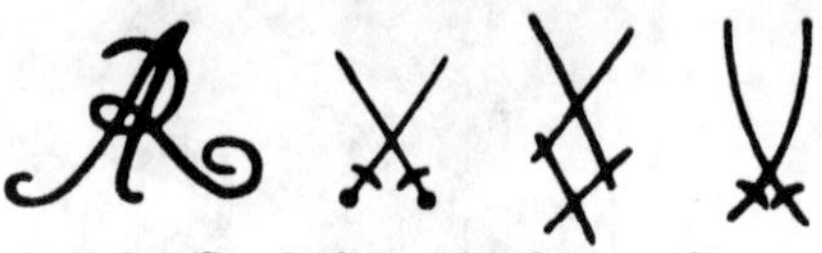

Abb. 84. **Geschäftsmarke der preußischen Porzellanmanufaktur,** 1731.

Abb. 85. **Geschäftsetikette des Weinwirtes Schönkopf, 1765.**
(Radiert von J. W. Goethe während seiner Leipziger Studentenzeit.)

Mit dem jähen Aufschwunge der Industrie und des Handels im 19. Jahrhundert entschloß man sich mit geringen Zeitunterschieden in allen Kulturstaaten zur gesetzlichen Regelung des Geschäftsmarkenschutzes, wobei in der Regel auch die internationale Rückwirkung im Falle der Gegenseitigkeit garantiert wurde.

Frankreich führte durch die Gesetze vom 30. VI. 1857, und 3. V. 1890, Bayern durch das Gesetz vom 21. XII. 1862, das Deutsche Reich durch das R.St.G. vom 15. V. 1871 und die Markenschutzgesetze vom 30. XI. 1874 und 12. V. 1894, Amerika durch das Gesetz vom 3. III. 1881, Großbritannien durch die Gesetze vom 25. VIII. 1883, 24. XII. 1888 und 11. VIII. 1905 den Schutz der Geschäftsmarken und Verpackungen ein.

Die Tatsache, daß in den einzelnen Staaten mehrere Gesetze zur Regelung dieser Materie erlassen wurden, zeigt allein schon, daß der Schutz ursprünglich ein sehr beschränkter war und sich erst allmählich von dem Namen und der Ursprungsstätte der Ware auch auf das figurale Zeichen und die

Packung und von diesen schließlich auch auf die Wortmarke (Odol, Aspirin, Salvarsan u. dgl.) ausdehnte.

Die Eintragung der Marke, welche erst den gesetzlichen Schutz gewährleistet, erfolgt in den einzelnen Staaten teilweise bei den Gerichten I. Instanz, teilweise bei den Patentämtern und teilweise bei der Handelskammer. Der Schutz besteht in einer strafrechtlichen Verfolgung der Mißbräuche, in dem Verbot der Weiterverbreitung der mit gefälschten Zeichen

Abb. 86. Vorlagensammlung für Kaufmännische Zeichen, erste Hälfte des 19. Jh.

versehenen Ware, in der Beschlagnahme derselben und in dem Recht des Geschädigten auf Schadenersatz.

Das Geschäftszeichen selbst weist ebenfalls eine merkliche Entwicklung sowohl vom Gesichtspunkte seiner Zweckmäßigkeit als auch vom künstlerischen Gesichtspunkte auf. Diese Entwicklung ist um so naheliegender, als diese Marken insbesondere auch in früheren Zeiten gleichzeitig als Etiketten und Beförderungszettel verwendet, sowie auf den Packungen angebracht wurden und die Erfahrungstatsache „Kleider machen Leute" auch auf das Aussehen einer

Ware Anwendung findet. Die komplizierten und unübersichtlichen Formen sowohl der Bild- als auch in späteren Zeiten der Wortmarken machten immer mehr einfacheren, dafür aber um so charakteristischen Zeichnungen Platz; das Publikum soll eben schon auf den ersten Blick momentan die Marke erkennen und von anderen unterscheiden.

Abb. 87. Handelsmarke mit Angabe des Geschäftszweiges und Monogramm des Firmanamens.

Abb. 88. Marke mit Angabe des Geschäftszweiges und des Firmanamens.

Abb. 89. Marke mit Angabe des Geschäftszweiges, Firmanamens und symbolischer Darstellung der Branche.

Abb. 90. Marke der Waffen- und Automobilfabrik Steyr (Zielscheibe als Symbol der Branche).

Die zweckentsprechende Marke soll womöglich sowohl die Gattung der Ware als auch den Namen und Ort des Erzeugers, mindestens aber eines dieser Merkmale aufweisen, wenn sie ihren Zweck voll und ganz erfüllen will (s. Abb. 87 bis 91). Einzelne Unternehmer symbolisieren, vorausgesetzt, daß sich ihr Name dazu eignet, in dem Geschäftszeichen auch ihren Namen, so z. B. die Verlagsfirma S. Fischer, die Schuhfirma Salamander usw. usw. (s. Abb. 92), einzelne benützen ihre Unterschrift als Marke.

Abb. 91. Marke mit dem Firmanamen und Bilde des Geschäftsgegenstandes.

Abb. 92. Marke einer Schuhfabrik, deren Begründer den Namen „Salamander" hatte.

VIII. Die Kino- und Theaterreklame.

Die Kinoreklame[1]) setzte kurz nach der gewerbsmäßigen Verwendung des Kinoapparates für Lichtspieltheater, d. i. also ungefähr um 1900 ein. Die Kinoreklame teilt sich in die Diapositivreklame, Spielfilmreklame und die Trickzeichenfilmreklame. Das erste Jahrzehnt beschränkte sich fast ausschließlich auf die Diapositivreklame, welche jedoch in immer größerem Umfange, besonders in den letzten Jahren von der Filmreklame abgelöst wurde.

Die Diapositivreklame besteht darin, daß in der Regel handbemalte Glasplatten im Format 8 × 8 cm auf die Leinwand projiziert werden. Die durchschnittliche Beleuchtungsdauer wurde, um dem Publikum die Möglichkeit eines deutlichen Erfassens zu geben, mit ca. 6 Sekunden errechnet, ein Zeitraum, der selbstverständlich auch von dem Umfange der auf dem Reklamebild befindlichen Schrift abhängt. In der Praxis wird die Beleuchtungsdauer in der Regel mit drei Sekunden bemessen.

Die Mängel dieser Reklame liegen vor allem in der Unbeweglichkeit des Sujets, welches aus diesem Grunde beim Publikum wenig Interesse erregt, sowie in der Gebrechlich-

[1]) Wertvolles Material für dieses Kapitel stammt von dem Maler Peter Eng, Wien.

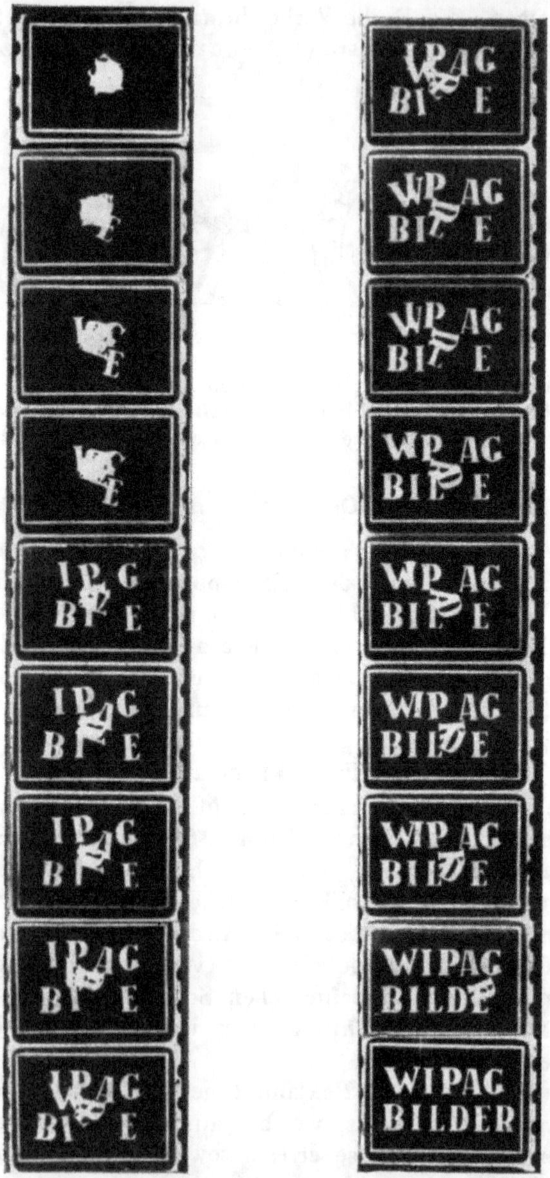

Abb. 93. Schema eines Buchstabentrickfilmes.

(Jede Aufnahme zeigt eine neue, durch manuelle Verschiebung verursachte Stellung der Buchstaben, bis endlich das beabsichtigte Wort erscheint. Blickfang durch die scheinbar selbsttätige Bewegung der Buchstaben.)

keit der Platte, ferner in dem Trinkgeldunwesen, welches von einzelnen reklametreibenden Firmen dazu benützt wird, um ihrem Diapositiv durch entsprechende Zuwendung an die Operateure eine längere Vorführungsdauer zu ermöglichen, sowie schließlich darin, daß die Diapositive vielfach im halbbeleuchteten Raum vorgeführt werden, ein Umstand, der sich noch durch die Störungen seitens des zu spät kommenden Publikums besonders unangenehm bemerkbar macht.

Der Spielreklamefilm hat durchschnittlich eine Länge von 70 bis 150 m und eine Vorführungsdauer von 3 bis 6 Minuten. Als Thema ist in der Regel das Lustspiel gewählt. Der Vorteil des Films gegenüber dem Diapositiv liegt darin, daß die Vorführung unbedingt bei verdunkeltem Saale erfolgen muß, das Publikum für ihn mehr Interesse hat, der Reklametreibende in der Vorführungsdauer nicht betrogen werden kann und daher das Trinkgeldunwesen zum Großteil von selbst entfällt.

Der Trickfilm kann für Reklamezwecke bereits mit Filmen in der Länge von 10 m = 520 Bildern hergestellt werden und überschreitet in der Regel 50 bis 60 m nicht, welche einer Spieldauer von 2 bis 3 Minuten entsprechen. Der Vorteil gegenüber dem Spielfilm liegt vor allem darin, daß die Trickfilme entsprechend kurz hergestellt werden können und daher sowohl die Herstellungs- als auch die Vorführungskosten geringere sind. Auch das Groteske dieser Reklameart gibt ihr eine größere Werbekraft (s. Abb. 93).

Den Gegenstand des Trickfilms bilden: 1. karikierte, menschliche und tierische Bewegungen, insbesondere die Grimasse, 2. übertriebene physikalische Bewegungen, z. B. siedendes Wasser mit meterhohen Blasen, 3. Darstellung von unbeweglichen Dingen in selbsttätiger Bewegung, wie Buchstaben, die sich ohne sichtbare Einwirkung zu Worten formen (s. Abb. 93), oder tanzenden Flaschen u. dgl. Das Wesen des Trickfilmes ist also die karikierte Bewegung belebter und unbelebter Gegenstände.

Beim Trickfilm muß man einerseits den Figurenfilm, d. i. den eigentlichen Trickfilm und anderseits den Vexierfilm (eigentlich Zeichenfilm) unterscheiden. Der Figurenfilm besteht darin, daß einzelne aus beweglichen Teilen zusammengesetzte Figuren (Puppen) in fortlaufend jedesmal geänderten Stellungen photographiert werden. Der Vexier-(Zeichen-)film besteht darin, daß jede Aufnahme eine neue Phase der um einen Strich vermehrten, im Entstehen begriffenen Zeichnung darstellt. Der Zeichenfilm ist um so besser, je länger dem Beschauer der Gegenstand der Zeichnung unbekannt bleibt und je plötzlicher die Klarstellung des Gegenstandes erfolgt.

Der gute Trickfilm hat also nicht den Zweck, den natürlichen Film zu ersetzen, sondern er soll im Gegenteil etwas ganz wesensanderes darstellen; der Trickfilm darf gar nicht naturalistisch sein, d. h. er darf einer wirklichen photographischen Aufnahme nicht ähneln, weil gerade darin der Witz und das Komische liegt, daß offensichtlich gezeichnete Figuren in eine nach physikalischen Gesetzen ganz unmögliche Bewegung kommen.

Historisch geht der Trickfilm auf die Verfilmung von Darstellungen mit Puppen zurück. Die ersten beweglichen Filmzeichnungen hat ein Zeichner des New Yorker Herald im Jahre 1908 hergestellt. Ihm schloß sich unmittelbar der Zeichner des Hearst Konzerns Fisher an, welcher die ersten Lustspiele in Form des Zeichenfilms herstellte. Im Jahre 1909 verbreitete sich diese Filmart nach Europa und die Svenska Filmgesellschaft in Stockholm brachte die ersten vollkommen fein ausgearbeiteten Trickfilmlustspiele unter dem Titel „Kapitän Grog", welche von Maler Bergdal gezeichnet waren. Hierauf verbreitete sich der Trickfilm in ganz kurzer Zeit über ganz Europa.

Einer der ersten Reklamespielfilms war der für das selbsttätige Waschmittel einer chemischen Fabrik in Deutschland im Jahre 1907 verwendete Spielfilm; dieser hatte ca. 200 m Länge, wurde jedoch noch nicht in Lichtspieltheatern, sondern bei Frauenversammlungen und belehrenden Vorträgen vorgeführt. Bei der Londoner Weltausstellung 1925, welche ein Propagandawerk für England und seine Dominions repräsentierte, suchten die einzelnen ausstellenden Staaten durch Lichtspielvorführungen von der Gewinnung ihrer Boden- und Industrieprodukte und der dort geleisteten Kulturarbeit in dem Besucher die Vorstellung ihrer Macht und ihres Reichtums zu erwecken. Der Film wurde also bei der Ausstellung als

Ersatz für erklärende Aufschriften verwendet; er hat in dieser Aufgabe die gestellten Erwartungen weit übertroffen, da die Aufschriften meist ermüden und nicht gelesen werden, die Reklamefilme aber ständige Aufmerksamkeit erregten und einen bleibenden Eindruck bei den Ausstellungsbesuchern hinterließen.

Der Trickfilm im Dienste der Reklame wurde um 1910 bereits in Frankreich durch die Parthégesellschaft und in der Folge in Berlin durch den Zeichner Leonard, in Wien durch die Wipag gepflegt. Derzeit werden für Reklamezwecke bereits Kombinationen zwischen Trickfiguren- und Trickzeichenfilmen hergestellt.

Die Theaterreklame.

Die Theaterreklame hat ein relativ kleines Betätigungsfeld. Sie wirkt durch entsprechende Aufdrucke auf dem Theaterzettel in Form von Inseraten oder Bemerkungen über die Herkunft der Kostüme, Bühneneinrichtung und Möbel, durch Bemalung des Vorhanges mit Reklameaufschriften und Bildern, durch auf den Vorhang projizierte Lichtbilder vor der Vorstellung und während der Pausen, schließlich durch die Vorgänge auf der Bühne.

Auf der Bühne erfolgt die Reklame durch die Schauspieler vielfach aus eigener Initiative, indem sie bei geeigneter Gelegenheit auf den einen oder anderen Lieferanten hinweisen. In neuester Zeit wurden in Varitees einzelne Sketche aufgeführt, welche ausschließlich Reklamezwecke verfolgen. Anläßlich der Reklamemesse in Berlin (1925) wurde der Versuch der Errichtung eines eigenen Reklametheaters gemacht. Da sich das Publikum bewußt nur widerwillig als Reklameobjekt hergibt und daher ausschließlich für Reklamezwecke aufgeführte Theaterstücke nicht gerne besucht, hatte das letztgenannte Projekt daher nur sehr geringen Erfolg.

IX. Die Lichtreklame.

Die Lichtreklame in ihrer primitivsten Form ist beinahe ebenso alt wie die Erfindung des Feuers und des künstlichen Lichtes, geht also tief in die prähistorische Zeit zurück. Bereits in den ältesten Aufzeichnungen finden wir Mitteilungen über Feuerzeichen, Freudenfeuer, Illuminationen anläßlich von Festen u. dgl.

Größere Bedeutung nahm die Lichtreklame aber erst an, als es gelang, Licht- und Leuchtmittel zu erfinden, die eine verfeinerte Form der Verbrennung darstellten. Rote Lampen als Zeichen von Polizeistuben, Rettungseinrichtungen u. dgl. gehören bereits zu den frühesten Ankündigungseinrich-

Abb. 94. Feuerwerk in Wien, 1740. Personenreklame mit Hilfe der Lichtwirkung.
(Holzschnitt aus der staatl. Sammlung „Albertina" in Wien.)

tungen, bei welchen das Licht Verwendung fand. Die Erfindung der Feuerwerkerei, welche auf einer entsprechenden Mischung verschiedener Chemikalien beruht, reicht schon vor das 17. Jahrhundert zurück; sie wurde bereits damals im Dienste der Personenreklame anläßlich von Festen, wie Hochzeiten, Siegesfeiern u. dgl. verwendet (s. Abb. 34 u. 94).

Die Erfindung und praktische Verwendung des Gaslichtes (erste Hälfte des 19. Jahrhunderts) wurde für die Transparentreklame, und zwar in der Form benützt, daß die Glasschirme der Straßenlaternen mit Reklameaufschriften bemalt wurden. Die ersten Drummondlampen, ihre Leuchtkraft beruht auf dem Glühen eines Kreidekegels in der Knallgasflamme, die man in New York sah, verwendete P. T. Barnum im Jahre 1842 als Reklame für sein Museum, indem er sie auf dem Dache desselben aufstellte und damit Ströme von Licht durch den Broadway warf.

Wirklich großen Umfang nahm die Lichtreklame erst durch die großzügige Verwertung des elektrischen Lichtes in der zweiten Hälfte des vergangenen Jahrhunderts und durch dessen verschiedenste Verwendungsmethoden an. Dieses eignete sich schon wegen seiner größeren Leuchtstärke viel besser für Transparentzwecke, weil durch entsprechende Schaltung auch das regelmäßige Verlöschen und Wiederaufleuchten, also eine Belebung bewirkt werden konnte. Besondere Formen der elektrischen Transparentreklame sind die beim Berühren aufleuchtenden Zahlteller in Geschäften und Spiegel, die durch intensive Beleuchtung von rückwärts Reklamebilder zeigen, die bei Erlöschen der Leuchtquelle wieder verschwinden; auch die Projektion von Reklamebildern auf Gehsteige erfreute sich eine Zeitlang großer Beliebtheit.

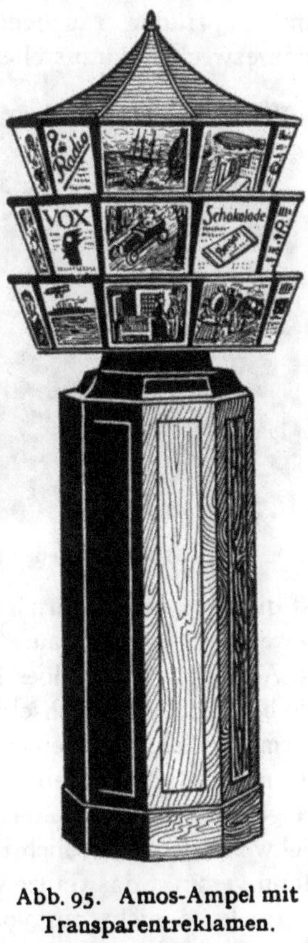

Abb. 95. Amos-Ampel mit Transparentreklamen.

Durch das elektrische Licht können auch die Plakatflächen während der Nacht, teils mittels Scheinwerfern, teils mittels Soffitenlampen erhellt werden. Leuchtende Buchstaben werden teilweise durch entsprechend gruppierte, elektrische Glühlampen, teilweise auch durch Lampen mit entsprechend geformten Drähten und teilweise auch durch mit verdünntem Edelgas gefüllte Glühröhren erzeugt.

Die stärkste Aufmerksamkeit wird durch die bewegliche Lichtreklame erregt. Die einfachste Form ist das fortlaufende Erlöschen und Wiederaufleuchten ganzer Bilder oder Wörter bezw. deren Teile. Durch entsprechende Stromschaltung ist es jedoch bereits gelungen, fahrende Lokomotiven und Fahrräder, rauchende Hunde (s. Abb. 96) usw. für Reklamezwecke darzustellen. Die großzügigste Lichtreklame

Abb. 96. Lebende Bildlichtreklame in London.

ist die von der Autofirma Citroën während der Pariser Kunstgewerbeausstellung auf dem Eiffelturm gebaute Anlage (s. Abb. 97). Ein halbes Dutzend Varianten, die in beliebiger Reihenfolge abgewechselt werden können, zeigen den Eiffelturm zunächst in seinen Konturen, dann von blauen Fixsternen bedeckt, denen sich nach einer Minute eine Milchstraße beigesellt. Aus den Sternen werden Kometen, deren goldene Schweife sich schließlich zu dem Namen der Firma auswachsen; dann versinkt das Ganze wieder in die Nacht. Der illuminierte Turm kann nicht nur von allen Stadtquartieren aus gesehen werden, sondern die Spitze ist weit ins Land hinaus bis nach Chartres und Soissons wahrnehmbar.

Da die Lichtreklame gerade in den Abendstunden, in denen das Publikum freie Zeit und Muße hat und daher auch für Reklamen aufnahmefähig ist, wirkt, so ist es begreiflich, daß die Anwendung der Lichtreklame ständig an Beliebtheit und Umfang zunimmt.

Abb. 97. **Lichtreklame der Automobilfirma „Citroën" auf dem 300 m hohen Eiffelturme während der Pariser Kunstgewerbeausstellung 1925.**

X. Verkehrsreklame.

a) Allgemeines.

Unter Verkehrsreklame wird die Benützung der Verkehrseinrichtungen, wie z. B. von Eisenbahn- und Postbüros, Eisenbahn- und Postwagen, Kursbüchern usw. für Reklamezwecke verstanden; dagegen fällt beispielsweise die Versendung von Prospekten durch die Post, in welchem Falle dieses Unternehmen lediglich als Transportanstalt dient, nicht unter den genannten Begriff.

Die Benützung der Verkehrseinrichtungen, als Träger von Reklame war naheliegend, da viele Millionen Menschen täglich gezwungen sind, sich relativ lange Zeit in den Räumen dieser Unternehmungen aufzuhalten, ohne daß in der Mehrzahl der Fälle ihre Aufmerksamkeit entsprechend absorbiert ist.

b) Die Eisenbahnreklame.

Die umfangreichste Verkehrsreklame ist die mit Hilfe der Eisenbahnen und der dazugehörigen Einrichtungen betriebene. Der erste englische Eisenbahnzug verkehrte im Jahre 1825 auf der 17 km langen Strecke Liverpool-Manchester, der erste deutsche Eisenbahnzug im Jahre 1835 auf der 7 km langen Strecke Nürnberg-Fürth. Es hat begreiflicherweise eine Reihe von Jahrzehnten gedauert, bis die Entwicklung des Eisenbahnwesens so weit vorgeschritten war, daß an dessen Ausnützung für Reklamezwecke gedacht werden konnte.

Die ältesten Formen der Reklame auf den Eisenbahnen sind die Bekanntmachungen der Eisenbahnen selbst; in erster Linie also die Fahrpläne (s. Abb. 98), die zweifelsohne den Gedanken

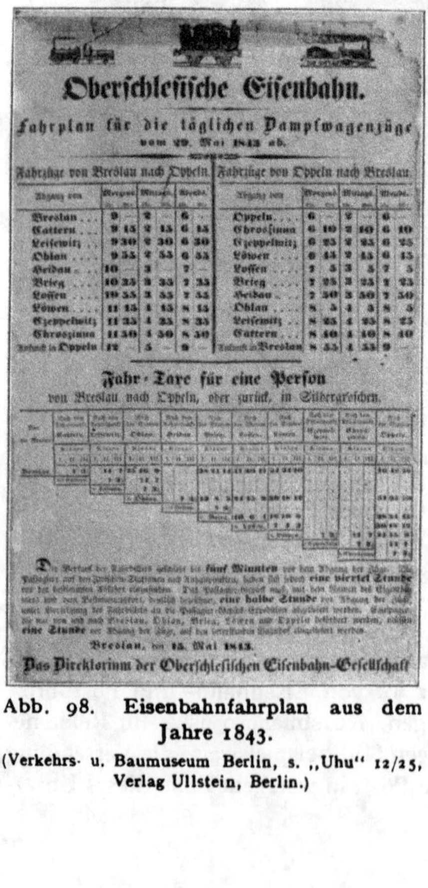

Oberschlesische Eisenbahn.

Fahrplan für die täglichen Dampfwagenzüge vom 29. Mai 1843 ab.

Fahrzüge von Breslau nach Oppeln. Abgang von	Morgens		Mittags		Abends	
Breslau	9	–	2	–	6	–
Cattern	9	15	2	15	6	15
Leisewitz	9	30	2	30	6	30
Ohlau	9	55	2	55	6	55
Heidau	10	–	3	–	7	–
Brieg	10	25	3	35	7	35
Loffen	10	55	3	55	7	55
Löwen	11	15	4	15	8	15
Czeppelwitz	11	35	4	35	8	35
Chrosczinna	11	50	4	50	8	50
Ankunft in Oppeln	12	–	5	–	9	–

Fahrzüge von Oppeln nach Breslau. Abgang von	Morgens		Mittags		Abends	
Oppeln	6	–	2	–	6	–
Chrosczinna	6	10	2	10	6	10
Czeppelwitz	6	25	2	25	6	25
Löwen	6	45	2	45	6	45
Loffen	7	5	3	5	7	5
Brieg	7	25	3	25	7	25
Heidau	7	50	3	50	7	50
Ohlau	8	5	4	5	8	5
Leisewitz	8	25	4	25	8	25
Cattern	8	40	4	40	8	40
Ankunft in Breslau	8	55	4	55	9	–

Fahr-Taxe für eine Person von Breslau nach Oppeln, oder zurück, in Silbergroschen.

Breslau, den 15. Mai 1843.

Das Direktorium der Oberschlesischen Eisenbahn-Gesellschaft

Abb. 98. **Eisenbahnfahrplan aus dem Jahre 1843.**

(Verkehrs- u. Baumuseum Berlin, s. „Uhu" 12/25, Verlag Ullstein, Berlin.)

Abb. 99. Plakate in einer englischen Eisenbahnstation im Jahre 1874.

angeregt haben, die Eisenbahneinrichtungen auch für andere Ankündigungen zu benützen. Da in den Anfängen des Eisenbahnwesens die überwiegende Zahl der Bahnen Privatbahnen darstellte, so war die Entwicklung des Reklamewesens auf diesem Gebiete überaus zersplittert und unübersichtlich. Jedenfalls ist im allgemeinen feststellbar, daß sich die Eisenbahnunternehmungen relativ lange gegen die Aufnahme von Ankündigungen gesträubt haben, eine Haltung, die ihre Erklärung in dem Umstande findet, daß die Eisenbahnunternehmungen meistens sehr kapitalskräftige Gesellschaften darstellten und daher eine ziemlich hohe Entwicklung des

Abb. 100. Barnums Ankündigungswagen.

Gesamtreklamewesens überhaupt erforderlich war, bis die hieraus zu erwartenden Eingänge für die Eisenbahnunternehmungen als nennenswerte Einnahme in Betracht kamen.

Zirka um das Jahr 1870 setzte in einzelnen Staaten eine systematische Reklame auf Bahnhöfen und in Eisenbahnwagen ein (s. Abb. 99 bis 101). Auch von diesem Zeitpunkt ab war die Überwindung der Widerstände bei vielen Eisenbahnverwaltungen noch sehr schwierig, ja in einzelnen Staaten, so z. B. in Kanada, wird sie bis zum heutigen Tage abgelehnt. In anderen Staaten, z. B. Frankreich, Schweiz unterliegt sie weitgehenden Beschränkungen in Format und Ausstattung. Am frühesten setzte sich in der Regel die Reklame auf den Bahnhöfen durch.

Sehr förderlich für die Eisenbahnreklame war die in vielen Staaten im Kriege und in den ersten Nachkriegsjahren durchgeführte Verstaatlichung, wodurch es auch gelang, die Eisenbahnreklame in größeren Gebieten zu organisieren und zu vereinheitlichen. Hiezu kam noch die finanziell ungünstige Lage nahezu aller Eisenbahnen Europas nach dem Kriege, welche sie zwang, alle Einnahmsmöglichkeiten in Anspruch zu nehmen und sowohl Prestige- wie auch ästhetische Gesichtspunkte in den Hintergrund zu rücken. Wir erleben daher bei nahezu allen Eisenbahnen und ihren Einrichtungen nach dem Kriege eine geradezu sprunghafte Entwicklung der Reklame.

Abb. 101. Vollreklamestraßenbahnwagen der Stadt Dresden.

Die derzeit beliebtesten Reklameformen der Eisenbahnreklame sind folgende:

Der Plakataushang in den Stationen; in Betracht kommen die Wartesäle, Korridore, Durchgänge, Schalterhallen, Vorräume, Bahnsteig-Fassaden (in der Hauptsache für Plakate von Verkehrsanstalten des In- und Auslandes, in neuerer Zeit und in den wichtigsten Bahnhöfen auch für kommerzielle Reklame) sowie seit kurzem auch die Geleise-Unterführungen.

Aus ästhetischen Gründen und ebenso zur Verstärkung der Werbewirkung sind in der Regel folgende Maßnahmen für gefällige und übersichtliche Anordnung der Plakate getroffen; einheitliche Plakatformate in regelmäßiger Anordnung (100 × 70 cm und 130 × 90 cm Hochformat) sowie einheitliche Einrahmung. Vermeidung einer zu starken Häufung der Plakate an einer Wand. Freihaltung gewisser architektonisch wichtiger Linien der Bahnhofgebäude. An besonders auffälligen Stellen sind größere Reklamen zulässig unter Anpassung an die architektonische Einteilung; in einzelnen Fällen unterliegen sie auch in gewissen Grenzen einer künstlerischen Zensur.

Schaukasten sind in den größeren Verkehrsknotenpunkten zur direkten Ausstellung der Waren z. B. auch am Hauptbahnhof Zürich in Verwendung. Die Kasten werden je nach Aufstellungsort (Schalterhallen, Bahnsteige, Unterführungen) nur abends oder den ganzen Tag beleuchtet.

Lichtreklamen sind in den größeren Verkehrsknotenpunkten erst seit ca. 1920 zulässig und kommen hauptsächlich in den dunklen Geleiseunterführungen und anderen dunklen Räumen zur Anwendung. Aus betriebstechnischen Gründen (Verwirrung des Publikums, Stauungen) sind intermittierende Beleuchtungen nicht gestattet. Die für die Plakatreklame genannten Prinzipien der Anpassung an die Architektur der Bahnhöfe gelten auch hier. Eine Häufung sich gegenseitig störender Lichtreklame wurde von Anfang an vermieden.

Die Eisenbahnwagen von Staatsbahnunternehmungen werden in der Regel, abgesehen von gelegentlichen Plakaten für große Ausstellungen, Messen und nationale Veranstaltungen, von denen eine Förderung des Verkehrs erwartet wird, nur für Fremdenverkehrsförderung und die Eigenreklame der Bahnen verwendet (Landschafts- und Städtebilder). Dagegen werden kleine Plakate für Geschäftszwecke schon seit Jahren in den Wagen zahlreicher Privatbahnen und in den Dampfschiffen angebracht; da die betreffenden Wagen nur auf bestimmten kürzeren Strecken verkehren, eignet sich diese Reklame auch für Detailgeschäfte. In den von Fremden frequentierten Bergbahnen der Schweiz erfolgt sie hauptsächlich für die Hotels. Für diese Plakate sind meistens einheitliche Normalformate entsprechend den verfügbaren Füllungen der Wagenwände, Türen usw. vorgeschrieben.

Sehr beliebt ist auch die Reklame auf Fahrkarten und -Scheinen; sie ist sowohl bei Eisenbahnen wie auch bei Straßenbahnen in Verwendung. Die gewünschte Reklame wird auf der Fahrkartenrückseite aufgedruckt; sie ist seit den letzten Jahrzehnten im großen Umfange in Verwendung.

Interessant ist folgender von der norditalienischen Eisenbahn um 1880 gemachter Versuch: Es wurden dort die Eisenbahnbillets, welche auf größere Orte lauten, auf der Rückseite mit einer Tasche versehen, in welcher ein aus dünnem Papier hergestelltes Zeitungsblatt Aufnahme fand; dasselbe war ein Annoncenblatt für Hotels und sonstige Geschäfte, Vergnügungslokale, Sehenswürdigkeiten usw. der betreffenden Stadt; das Annoncenblatt enthielt auf jeder Seite 20, auf beiden Seiten also 40 Abteilungen. Der Reisende konnte sich also auf der Fahrt informieren, wohin er in der Bestimmungsstation seine Schritte lenken soll. Diese Art der Reklame ist jedoch wegen der Umständlichkeit bei der Kartenausgabe bald wieder abgekommen.

c) Eisenbahnpropagandafahrten.

In Amerika mit seinem ungeheuren Landreichtum besteht die Einrichtung der sog. „Boomfahrten", um dort, wo weder die Zeitung noch die Post die notwendige Reklamewirkung zu erzielen vermag, doch mit der Reklame durchzudringen.

Hierüber enthielt der „Hannoversche Courier" (1911) aus New York folgenden Bericht:

„Der Westen und Nordwesten der Union steht in jedem Frühjahr und Sommer im Zeichen dieser „Boom"-Fahrten, die von den Kaufmännischen Vereinigungen — Commercial-Clubs — der westlichen Hauptgeschäftszentren, wie Milwaukee, Minneapolis, St. Paul und Omaha, unternommen werden. Solche „Boom"-Fahrten dauern häufig mehrere Wochen und werden in einem oder mehreren Sonderzügen durchgeführt, die sich gewöhnlich aus vier oder fünf Pullmanwagen — Parlor-Cars — zwei Schlafwagen und einem Speisewagen zusammensetzen. Jede an der „Boom"-Fahrt beteiligte namhafte Firma ist entweder durch den Eigentümer selbst oder durch den Geschäftsführer oder einen Reisenden vertreten. Diese führen große Massen von Reklamedrucksachen, Broschüren, Warenproben und kleinen Andenken mit Reklameaufdruck zur Verteilung in den Aufenthaltsorten im Zuge mit.

Sobald der Sonderzug in die Farmerstaaten gelangt, hält er an jeder Station. Jedes Nest wird abgeklappert; auf jeder Station steigen die Geschäftsleute aus, formieren einen Zug und ziehen in Reih und Glied durch die Hauptverkehrsstraße des Ortes, veranstalten also eine jener in Amerika so sehr beliebten Straßenparaden. Voran wird das amerikanische Banner getragen; denn ohne Stern und Streifen ist eine erfolgreiche „Boom"-Fahrt überhaupt ganz undenkbar. Dem Fahnenträger folgt eine von den Kaufleuten mitgenommene und für die ganze Dauer der Rundreise engagierte Musikkapelle, hinter der die Geschäftsleute marschieren, rechts und links Kataloge, Broschüren, Flugschriften, die mitgenommenen kleinen Andenken für die Erwachsenen und Zuckerwerk für die Kinder austeilend.

Für die Bevölkerung eines kleinen Farmerstädtchens in den westlichen Präriestaaten ist das Eintreffen der auf einer „Boom"-Fahrt begriffenen Geschäftsleute natürlich ein großes Ereignis. Die verteilten Andenken werden zusammen mit den Katalogen und Flugschriften sorgfältig aufgehoben, und der meist sehr konservativ veranlagte Farmer greift im Bedarfsfalle todsicher auf die Firma zurück, deren Broschüre sich in seinen Händen befindet. Das wissen natürlich die Firmen in den Großstädten sehr gut. Deswegen lassen sie es auch bei Besuchen kleinerer Orte meist bei einem einmaligen Umzuge durch die „Mainstreet", wie in unzähligen amerikanischen Orten die Hauptstraße heißt, bewenden und begeben sich gleich wieder zum Bahnhof zurück, um das nächste Nest mit ihren Drucksachen zu überschwemmen."

d) Die Streckenreklame.

In diesem Zusammenhange ist schließlich auch die Streckenreklame zu verzeichnen, wenn sie auch organisch nicht ganz in dieses Kapitel hineinpaßt. Sie beruht darauf, daß die Aufmerksamkeit des die Eisenbahn benützenden Publikums durch Vorgänge oder Gegenstände neben der Eisenbahnstrecke in vorbedachter Art für Reklamezwecke ausgenützt wird. Über eine derartige im Jahre 1853 von ihm selbst organisierte Reklame berichtet Phineas Taylor Barnum folgendes (s. Abb. 102):

„Einen einzigen Elefanten behielt ich zurück, den ich in der Nähe Briggeports stationierte. Seinen Wärter kleidete ich in ein orientalisches Gewand. Entlang der Eisenbahn zwischen New York und Newhaven mußte das Ungeheuer als Pflugtier auftreten, und zwar jedesmal, wenn ein Personenzug vorbeifuhr. Ich hatte dem Wärter einen genauen Fahrplan ausgehändigt. Versteht sich, daß die Zeitungen bald über den Elefanten als Gehilfen der Landwirtschaft berichteten, daß mein Name dabei fiel und daß diese Nachrichten für mein Museum Propaganda machten.

Nun regnete es Briefe von Sekretären landwirtschaftlicher Vereine. Man wollte wissen, welche Vorteile der Elefant der Landwirtschaft bringe, wieviel ein Elefant fresse, was er koste, wo man Elefanten

Abb 102. Der Reklame-Elefant Barnums wurde anläßlich des Vorbeifahrens der Personenzüge im Jahre 1853 als Zugtier demonstriert.

kaufen könne, wie alt Elefantenkälber werden müßten, bis sie ihr Fressen selbst verdienen könnten u. dgl. m. Ich begann mir Sorgen zu machen, es könnte sich in der Tat außer mir, aus ernstlichen Erwägungen heraus, jemand einen Elefanten kaufen und dann dem Schicksal des Mannes anheimfallen, der in der Lotterie einen Elefanten

gewonnen hatte und nicht wußte, was er eigentlich mit ihm anfangen sollte. Ich entschloß mich daher, ein Zirkular vertraulicher Art drucken zu lassen, das ich nach Bedarf versandte und in dem ich mit der Bitte, die Mitteilungen diskret zu behandeln, ruhig eingestand, der Elefant diene mir nur zur Reklame für mein Unternehmen."

Um 1890 kamen große Reklameinteressenten auf die Idee, entlang der Eisenbahnstrecken teils auf Reklamegerüsten, teils auf Hauswänden oder Giebeln große Plakate anzubringen (s. Abb. 103 und 104).

Abb. 103. Amerikanische Streckenreklame.
(R. Cronau, Buch der Reklame.)

Eine großartige Fabrik von „Patentmedizinen" in Baltimore, so berichtet Cronau in seinem „Buch der Reklame", unterhält auf eigene Kosten eine Armee solcher Anstreicher, die auf eigenen Dampfern alle schiffbaren Ströme der Union befahren, um die Reklamen der Firma auch in dem kleinsten und abgeschiedensten Flußstädtchen anbringen zu können. „Wir reisten über eine Million Meilen, Herr", so rühmte sich einer dieser in dem Dienste der Reklamenfirma stehenden Vandalen, „wir malten mehr als fünfzigtausend Ankündigungen von „St. Jakobsöl" und verbrauchten mehr denn 500 Fässer

Leinöl, mehr als 500 Fässer Terpentin und an 150 t Bleiweiß. Unsere Bücher können es beweisen."

Diese Reklameform erregte den scharfen Widerspruch der Heimatschutzverbände, welcher in zahlreichen Resolutionen zum Ausdruck kam und schließlich auch behördliche Vorschriften durchsetzte.

Abb. 104. Freistehende Reklametafel an einer Verkehrsstraße und Eisenbahnlinie bei Hamburg.

In England wurden z. B. auf Grund von „The Advertisements Regulation Act 1907" (7 Edw. 7. c. 27) die Lokalbehörden befugt, mit Genehmigung des Ministers Verordnungen über mehr als 12 Fuß hohe Reklamegerüste zu erlassen und die Anbringung von Reklamen überall dort zu verbieten „wo die Annehmlichkeiten eines öffentlichen Gartens oder einer Promenade nachteilig beeinflußt oder die Naturschönheit einer Landschaft verunstaltet würde." Eventuelle

Kosten trägt, ähnlich wie bei den Gesundheitsschutzgesetzen, die Grafschaftskasse. Übertretungen der Schutzverordnungen unterliegen Strafen bis zu 5 Pfd. Sterl. und nach erfolgter Verurteilung bis zu 1 Pfd. Sterl. für jeden Tag der fortgesetzten Zuwiderhandlung.

Das preußische Gesetz gegen die Verunstaltung landschaftlich hervorragender Gegenden vom 2. Juni 1902 ermächtigt die Landespolizeibehörden zur Verhinderung der Verunstaltung landschaftlich hervorragender Gegenden solche Reklameschilder und sonstige Aufschriften und Abbildungen, welche das Landschaftsbild verunzieren, außerhalb der geschlossenen Ortschaften durch Polizeiverordnung auf Grund des Gesetzes über die allgemeine Landesverwaltung vom 30. Juli 1883 (Gesetz-Samml. S. 195) zu verbieten, und zwar auch für einzelne Kreise oder Teile derselben. Ähnliche Vorschriften wurden auch in anderen Staaten erlassen.

Trotz alledem ist es nicht gelungen, die Streckenreklame zu beseitigen; im Gegenteil, es werden sogar Bergwände (s. Abb. 103) und Felsstücke hiezu benützt. So ist z. B. an der Autostraße Meiringen—Göschenen (Schweiz) ein großer Felsblock von der gegenüberliegenden Bergwand abgestürzt. Derselbe wurde braun angestrichen und propagiert in großen Lettern die Erzeugnisse einer Schokoladefabrik in St. Gallen.

e) Die Postreklame.

Obwohl die Post als ständig organisierte Einrichtung bereits auf das Jahr 1500 zurückreicht (der Name leitet sich von statio posita — Relaisstation für Boten und Pferde ab), wurden ihre Einrichtungen von der Reklame erst sehr spät benutzt. Der Grund hiefür ist darin zu suchen, daß einerseits die Reklame erst in der zweiten Hälfte des 19. Jahrhunderts wirklich großen Umfang annahm und anderseits zu dieser Zeit die Post bereits überall eine staatliche Einrichtung war und gerade die Staatsverwaltungen bis in die allerjüngste Zeit als nicht sehr reklamefreundlich zu bezeichnen waren. Großen Umfang nahm die Postreklame erst in der Nachkriegszeit an, als die Notwendigkeit der Ausnützung jeder Einnahmsmöglichkeit, besonders in den besiegten Staaten alle Bedenken kurzerhand beseitigte.

Die Postreklame funktioniert als Außenreklame, Innenreklame, Formular- und Buchreklame, Poststempel- und Briefmarkenreklame.

Für die Außenreklame werden Briefkasten (s. Abb. 105), Postwagen (s. Abb. 106 u. 107) und Telegraphenstangen (siehe Abb. 108) verwendet; die Briefkasten tragen an den Seitenflächen Reklameschilder und Reklameklappen, bei den Postwagen ist der Kasten für Reklame ausgenützt. Die Telegraphenstangen sind bei Automobilfabriken, Pneumatikhändlern sowie Besitzern von Hotels und Gasthöfen ihrer Umgebung sehr beliebt.

Abb. 105. **Deutscher Postbriefkasten mit Reklameaufschriften.**

Für die Innenreklame werden die Schalterräume, die Schreibplätze und Pulte der Postanstalt benützt (s. Abb. 109). Die Formularreklame erfolgt auf amtlichen Formularen für Telegramme, Quittungen u. dgl., der Buchreklame dienen die Fernsprech- und Poststationsverzeichnisse.

Schließlich werden auch noch Poststempel (s. Abb. 110 u. 142) und Briefmarken (s. Abb. 111, 138 bis 141, 151) für Reklamezwecke verwendet. In Deutschland wird die untere Hälfte des Rundstempels für Reklamezwecke vergeben. Bemerkenswert ist auch die kürzlich von der italienischen Postverwaltung getroffene Einführung, wonach über Bestellung Briefmarken aus einem doppelt so großen als für den Markendruck notwendigen Papier hergestellt werden und der restliche, für die Marken unbenützte Teil (Allonge) für Reklameaufdruck verwendet wird. Schließlich wurden auch noch auf der Rückseite der Briefmarken in einzelnen Fällen Reklamen aufgedruckt, doch ist man hiervon bald wieder zufolge unbefriedigender Erfahrungen abgekommen.

Abb. 106. Deutscher Postwagen als Reklameträger.

Abb. 107. Das deutsche Reichspostautomobil als Reklameträger.

f) Auto- und Fahrzeugreklame.

Die Fahrzeugreklame findet ihren Ursprung in den Geschäftswagen, die seit den ältesten Zeiten Namen und Geschäftsmarke des Eigentümers trugen. In der neuesten Zeit hat jedoch diese Reklame dadurch eine ganz besondere Form erlangt, daß eigene Fahrzeuge konstruiert wurden, nicht bloß um Waren zu transportieren und nebstbei auch den Namen einer Firma zu verbreiten, sondern ausschließlich

Abb. 108. Reklame auf Telegraphenstangen in Indien.

mit der Aufgabe, propagandistisch zu wirken. Hieher gehören die Lichtreklamewagen, welche in Kastenform konstruiert sind und an den Seitenflächen auf Felder von verschiedener Größe verteilte Reklamen für diverse Firmen tragen; durch eine im Innern des Kastens angebrachte Beleuchtung werden die transparenten Reklamescheiben erhellt (s. Abb. 137).

Von großen Gesellschaften (s. Abb. 112) werden eigene Wagen und Autos konstruiert, welche lediglich den Zweck haben, durch ihre Form und Ausstattung die Aufmerksamkeit des Publikums zu erregen. Diese Reklameart ist selbstverständlich sehr kostspielig und es sind daher ihrer weiteren Verbreitung enge Grenzen gezogen.

Abb. 109. Postschalterraum mit Reklamen.

Abb. 110. **Deutsche Poststempel mit Reklamen.**

g) Flugzeugreklame.

Die I n n e n r e k l a m e in Passagierflugzeugen wirkt nur auf ein sehr kleines Publikum, dies aber während der ganzen

Abb. 111. Italienische Postmarke mit Reklameallonge.

Dauer des Fluges. In Frage kommen pro Flugzeug höchstens 4 bis 6 Schilder in einer ungefähren Größe von 25 × 35 cm. Durch die geringe Anzahl der Schilder ist eine gute Beachtung jedes einzelnen Schildes gefördert.

Beliebt ist das Abwerfen von Reklamedrucksorten; das Abwerfen erfolgt ausschließlich durch Angestellte der Flugzeuggesellschaften; es muß in der Regel eine polizeiliche Genehmigung vor Antritt des Fluges vorliegen, da die auf jedem Flughafen stationierte Luftpolizei das Starten des Flugzeuges ohne die erforderliche Erlaubnis verhindert.

Die Flugzeug-Beleuchtungs-Reklame besteht darin, über den nächtlichen Städten Flugzeuge mit Leuchtreklame fliegen zu lassen. In England kann man diese Flugzeugbeleuchtungsreklame oft beobachten. In Deutschland erregte z. B. das Odol-Flugzeug (vergl. Abb. 113) bei seinem ersten Erscheinen zur Leipziger Frühjahrsmesse 1923 über dem nächtlichen Leipzig gewaltiges Aufsehen. Das Flugzeug selbst war von unten fast nicht zu sehen, man sah nur das fliegende Wort „ODOL". Die einzelnen Buchstaben sind 1,20 m groß. Die Speisung der Glühlampen erfolgt von einer Akkumulatorenbatterie aus, welche im Passagiersitz des Flugzeuges untergebracht ist.

Zum Zwecke der Himmelsschrift werden mit Hilfe eines chemischen Prozesses weiße Rauchwolken erzeugt, die durch das geschickte Fliegen eines schnellwendenden Flugzeuges in der Spiegelschrift des gewünschten Wortes herausgeblasen werden. Man sieht dann selbst bei starkem Wind mindestens 2 bis 3 Minuten das Wort in großen Lettern am Himmel stehen. Bei Windstille bleibt das Wort über eine halbe Stunde sichtbar. Das Ausblasen der weißen Rauchwolken geschieht in einer Höhe von 3000 bis 4000 m. Ein Buchstabe hat ca. 1 km Länge. Anläßlich der Britischen Weltausstellung 1924 wurde z. B. von der „Daily Mail" auf diese Weise wirksame Reklame gemacht.

Abb. 112. **Fahrende Reklame: Die mit Reklameaufschriften versehene, schienenlose Eisenbahn eines amerikanischen Filmkonzerns.**

Abb. 113. Flugzeugreklame; die Buchstaben können auch beleuchtet werden.
(König, Reklamepsychologie, 3. Aufl. 1926, Verlag von R. Oldenbourg, München u. Berlin.)

h) Rundfunkreklame.

Rundfunk im Dienste großer Sendestationen reicht kaum wenige Jahre zurück. Die britische Sendekompagnie mit einem Gründungsdatum 15. Dezember 1922 ist die älteste, ihr folgen die französische Station mit dem Eröffnungsdatum vom 20. Jänner 1923, die deutschen Stationen im Laufe des Jahres 1924 usw.

Der Rundfunk stellte der Reklame unbegrenzte Betätigungsmöglichkeiten in Aussicht. Diese erfuhren jedoch sofort eine enge Begrenzung dadurch, daß nahezu in allen Staaten das „Senden" Staatsmonopol und nur die Durchführung Privatgesellschaften unter strenger, staatlicher Aufsicht übertragen wurde.

Die geschäftliche Reklame auf dem Wege des Rundfunkes ist in den meisten Staaten, insbesondere auch in England, Frankreich, der Schweiz und Österreich verboten. In Deutschland hat die Reichspostreklame-Ges. m. b. H. das Rundfunk-Reklamemonopol. Dasselbe wird in der Form ausgenützt, daß täglich um ca. 9,40 Uhr abends in der Gesamtdauer von 5 bis 10 Minuten 4 bis 6 Reklamen in einer von dem Reklametreibenden gewählten Form durchgegeben werden. Im Anschlusse daran erfolgen Mitteilungen der Sendegesellschaft über Begünstigungen der Rundfunkteilnehmer, die sich auf ermäßigte Theaterkarten, ermäßigte Preise für verschiedene Waren usw. beziehen.

Die Propaganda durch Rundfunk für Wohlfahrtszwecke dagegen ist, zumindest insoferne eine amtliche Empfehlung vorliegt, in nahezu allen Staaten kostenlos üblich.

Politische Propaganda ist prinzipiell durch Rundfunk untersagt, doch werden in einzelnen Staaten hiervon auch besondere Ausnahmen bewilligt. So war ausnahmsweise anläßlich der Präsidentenwahl in Deutschland im Jahre 1925 die einmalige Verbreitung je einer Wahlrede Hindenburgs und Marx's gestattet. Desgleichen erfolgte auch anläßlich der letzten Wahlen in England die Versendung je einer Rede der großen politischen Parteiführer (der konservativen, liberalen und Arbeiterpartei) durch Rundfunk.

Wichtig ist auch die Verwendung des Rundfunkes im Alarmdienste der Polizei, wobei sich dieser nicht bloß auf die eigenen Staatsgrenzen beschränkt, sondern international funktioniert. Nach Angabe der Polizeibehörden der verschiedensten Staaten wurden auf diesem Wege bereits erhebliche polizeiliche Erfolge erzielt und eine Eindämpfung des internationalen Verbrechertums durchgesetzt.

XI. Das Geschäftslokal und das Geschäftshaus.

a) Offene Stände.

Schon die Handelsformen der ältesten Zeit sind dadurch charakteristisch, daß die Handelstreibenden ihre Waren so offen als möglich auszulegen versuchten, um sie dem Publikum vor Augen zu führen, sie den Vorübergehenden bemerkbar zu machen und so Kaufreiz zu erregen.

Die ursprünglichste und schon bei den ältesten Völkern verwendete Lösung dieses Bestrebens bilden die Märkte (siehe Abb. 114). Auf diesen werden die Körbe entweder unmittelbar auf dem Boden oder auf Kisten u. dgl. aufgestellt und die Ware so dem Publikum feilgeboten. Die nächste Stufe der Entwicklung ging dahin, daß auf Stangen oder Pfählen ein hölzernes oder gewebtes Schutzdach über dem Stand aufgespannt wurde. Diese Art von Verkaufsstand hat sich

Abb. 114. Markt der Reichsstadt Nürnberg, 1599.
(Kupferstich 90×31 cm im Germanischen Museum, Nürnberg.)

bis in die Jetztzeit auf den Märkten behauptet und ist die allgemein übliche.

Die nächste Entwicklungsstufe bildete der Ausbau der primitiv gedeckten Stände zu Buden und Verkaufsbazaren (s. Abb. 119); diese weisen gegenüber den Ständen zwei große Vorteile auf, nämlich einerseits die Möglichkeit, mehr Ware zur Schau zu stellen und anderseits den Schutz gegen Witte-

Abb. 115. Laden im antiken Pompeji.
(Overbeck, Pompeji, 4. Aufl., Fig. 145.)

rungseinflüsse nicht nur für die Ware selbst, sondern auch für den Verkäufer und den Käufer. Zur Zeit des Perikles und Themistoktas (5. Jahrhundert v. Chr.) umgaben den Markt Athens bereits prächtige Hallen, in denen die Händler ihre Muster zur Schau stellten, Preise festsetzten und auch die Geldwechsler ihre Tische hatten. Diese Einrichtung findet man auch später im Mittelalter; zu dieser Zeit hatten die Hallen jedoch bereits die Form der Arkaden angenommen (s. Abb. 116). Diese Verkaufsräume in Gestalt der offenen Hallen haben sich übrigens fast unverändert bis jetzt in vielen Marktorten der Provinz und auch in einzelnen Großstädten erhalten. Die Geschäfte werden dort selbst im Winter unter den offenen Arkaden getätigt, während der dahinterliegende Raum vornehmlich als Lager oder Wohnraum dient.

Abb. 116. Kaufladen unter einer offenen Halle.

Da gewisse Bevölkerungsschichten für den offenen Verkauf der Ware und die hiedurch gegebene schnellere und bequemere Einkaufsmöglichkeit eine besondere Vorliebe haben und sich aus dieser Verkaufsform auch für den Verkäufer der unleugbare Vorteil eines leichteren Kontakts mit dem Publikum ergibt, so stellen insbesondere in Paris viele Warenhäuser gewisse für den Volksbedarf bestimmte Waren auf Gestellen vor dem Laden auf und verkaufen sie an Ort und Stelle. Im Altwarenhandel ist noch beinahe in der ganzen Welt diese Handelsform üblich (s. Abb. 117).

Die pompejanen Krämer (s. Abb. 43 u. 115) und Kaufleute sorgten in der Weise dafür, ihre Ware möglichst offen auszulegen und den Vorübergehenden bemerkbar zu machen, daß ihre Läden nach der Straßenfront, bei Eckhäusern nach beiden Straßenfronten fast ganz offen gebaut waren; im unteren Teil waren sie zumeist durch einen gemauerten Ladentisch oder eine sog. Tonbank, welche gewöhnlich wie auch auf unserer Abb. 115 im rechten Winkel gebrochen ist, bis auf einen Eingang von gewöhnlicher Breite gesperrt. Das warme Klima Italiens machte diese Form des Verkaufsraumes für die dortigen Verhältnisse besonders geeignet.

Abb. 117. **Verkauf auf der Straße im Ghetto (Judenviertel) zu Prag, 1878.**
(Buch für Alle, 1878/1.)

Die gemauerten Ladentische waren in der Regel mit einer Stein- oder Marmorplatte bedeckt und bei den Garküchen und Thermopolien pflegten verschiedene Gefäße, Amphoren aus Ton, Pfannen u. dgl. in den Ladentisch eingelassen zu sein, aus denen man den Inhalt mit einer Schöpfkelle entnahm. An den Wänden hinter dem Ladentisch waren häufig in Treppenform gemauerte Repositorien (Stellagen) zum Aufstellen von Gefäßen und zum Auflegen trockener Ware angebracht, in welchen ebenfalls nicht selten Gefäße eingemauert sind. In Abb. 115 ist auch ein am Ende des Ladentisches angebrachter kleiner Herd zu sehen, was sich so oder ähnlich in allen derartigen Läden wiederholt, nur sind oft diese kleinen Herde transportabel und aus Bronze. In vielen Thermopolien (Garküchen) hat man auf der Platte des Ladentisches noch die Spuren der dort geschenkten Getränke gefunden, und zwar in aufgetrockneten Ringen, welche den Füßen der Trinkgeschirre entsprechen. In den meisten dieser Getränke war Honig.

Abb. 118. Werkstätte eines Schuhmachers, primitive Verbindung mit Ladengeschäft.
(Germanisches Museum, Nürnberg, zirka 1600.)

Im Mittelalter zeigt sich ebenso wie auf allen anderen Kulturgebieten auch auf diesem Gebiete ein fühlbarer Rückschlag. Die durch ein fast lückenloses Konzessionssystem und Zunftwesen von jeder Konkurrenz befreite, lokale Güterversorgung konnte ohne Schwierigkeit auf jeden besonderen Kaufanreiz verzichten, ein Umstand, der selbstverständlich auch in der Form des Verkaufslokales zum Ausdruck kam (siehe Abb. 118 u. 119).

b) Geschlossene Läden.

Einen entscheidenden Fortschritt für das Verkaufslokal brachte die Erfindung des Gußglases; dieselbe erfolgte zwar schon gegen Ende des 17. Jahrhunderts in Frankreich, das Glas selbst wurde aber erst in der ersten Hälfte des 18. Jahrhunderts in größerem Umfange hergestellt und fand eine wirkliche Verbreitung erst mit Beginn des 19. Jahrhunderts. Durch das Fensterglas war es erst möglich, vollständig abgeschlossene, ständig gegen Wind und Wetter geschützte, jederzeit zur Schaustellung geeignete Verkaufsräume und Schaufenster herzustellen.

In diesem Entwicklungszustande machte sich bald das Bestreben geltend, die Schaufensterfläche künstlich zu vergrößern. Man baute Glasverschalungen für das die Gewölbe umschließende Mauerwerk (s. Abb. 120) und benützte die so gewonnene Schaustellungsfläche zur Ausstellung allerlei kleiner Waren.

Abb. 119. Kaufladen in einer kleinen, französischen Stadt, 15. Jh.

Eine entscheidende Wendung erfuhr die Gestalt des Schaufensters durch die beim Hausbau im ausgedehnten Maße erfolgte Verwendung von Eisen und Beton. War es durch das Glas bisher möglich, die Schaustellungsfläche zu vergrößern, so wurde durch den Betonbau der Schaustellungsraum gewonnen; da viel Mauerwerk wegfiel, so konnten die Waren auch in die Tiefe ausgestellt werden und es war

Abb. 120. Laden „Zur Französin" in Wien, 1820.
(Städtisches Museum in Wien.)

Abb. 121. Schaufenster m. großer Ausstellungsfläche u. Tiefenwirkung.

nun eine Leichtigkeit, ganze Wohnungseinrichtungen, große Maschinen, Puppen in Lebensgröße, u. dgl. in das Schaufenster zu bringen (s. Abb. 121); dem Bestreben, die ausgestellte Ware möglichst von allen Seiten und vollständig wahrnehmbar zu machen, wurde durch besondere Konstruktion der Schaufensteranlage Rechnung getragen (s. Abb. 122 bis 124).

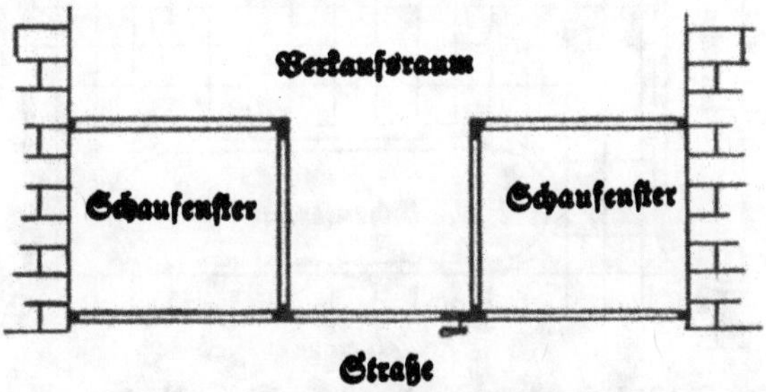

Abb. 122. Schaufensteranlage in unzweckmäßiger, veralteter Form.

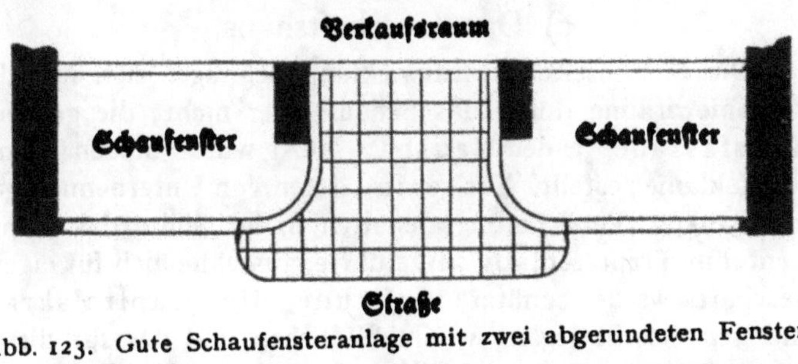

Abb. 123. Gute Schaufensteranlage mit zwei abgerundeten Fenstern.

Selbstverständlich erfuhr auch die Art, wie die Waren zur Schau gestellt wurden, eine Änderung. Während noch bis zur Mitte des vergangenen Jahrhunderts möglichst viel Ware in das Schaufenster gestellt wurde, zielte die spätere Technik dahin, nur einzelne Stücke zur Besichtigung auszustellen, dies aber in einer Form, daß die Aufmerksamkeit voll und ungeteilt auf die Schaustellungsstücke konzentriert wird und dieselben nicht nur beim Beschauen einen starken Eindruck auf das Publikum machen, sondern auch als bleibende Erinnerung fortwirken.

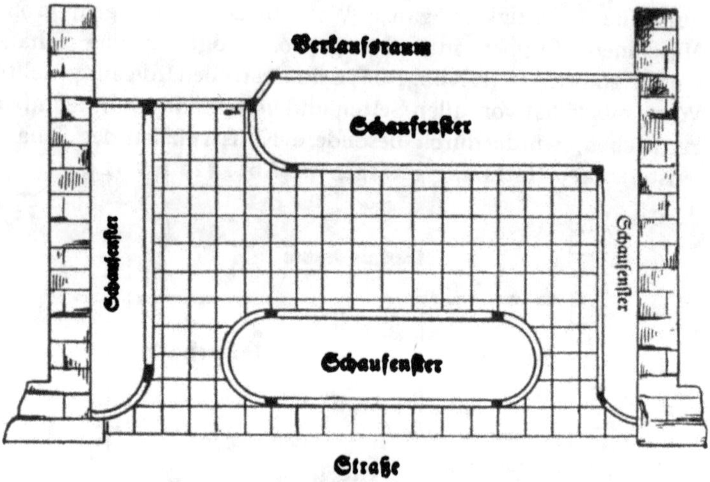

Abb. 124. Große Schaufensteranlage bei viel zur Verfügung stehendem Raume.
(Das Schaufenster und sein Schmuck. Glöckners Handelsbücherei, Leipzig, 1921.)

c) Das Geschäftshaus.

Die fortschreitende Entwicklung begnügte sich mit der Reklamewirkung durch das Schaufenster nicht; die gesamte Hausfassade, ja der Hausbau selbst wurde in den Dienst der Reklame gestellt. Für gewisse Arten von Unternehmungen wie Banken, Versicherungsanstalten u. dgl. sollte das monumental und repräsentativ ausgeführte, ausschließlich für eigene Geschäftszwecke benützte Gebäude die Kapitalskraft und den Geschäftsgang versinnbildlichen und das für diesen Geschäftszweck so unerläßliche Vertrauen des Publikums mitbegründen helfen. Charakteristisch für diese Richtung ist der dem Originale unserer Abb. 125 hinzugefügte Zusatz:

„Das oben abgebildete Gebäude ist Eigentum und ausschließlich in Anspruch genommen von der „The Prudential-Versicherungsgesellschaft in Amerika", und zwar von dem Zentralbüro in New York. Die ausgedehnten Geschäfte der The Prudential erfordern dieses Bürohaus für den ausschließlichen Gebrauch der die Ziffer von 2000 überschreitenden Angestelltenzahl der Gesellschaft."

Die architektonische Form der Fassade soll dem vorübergehenden Publikum bereits sagen, welchem Geschäftszwecke das betreffende Gebäude dient, so daß die Aufschriften schon durch den architektonischen Eindruck ersetzt werden. Desgleichen soll das Publikum auch ohne besonderen Wegweiser durch die Bauart allein zu den Eingängen und besonders wichtigen Schaufenstern geführt und so nach Möglichkeit Orientierungsaufschriften überflüssig gemacht werden. Beim Fabriksbau soll die moderne Architektur in dem Publikum gleichzeitig die Vorstellung der modernen Erzeugungsweise und der vorgeschrittenen Technik erwecken.

Abb. 125. Das Geschäftshaus als Reklame.
(Zeitungsreklame der amerikanischen Versicherungsgesellschaft „The Prudential", 1896.)

Eine geeignete und charakteristische Architektur eröffnet schließlich durch die Möglichkeit der Abbildung des Geschäftshauses auf dem Briefpapier, Plakaten, Geschäftszeichen u. dgl. auch auf diese Weise eine wirkungsvolle Reklame. Ohne die Hausnummer ansehen zu müssen, soll das Publikum durch die eigenartige Fassade bereits das betreffende Unternehmen erkennen, sich das äußere Aussehen desselben einprägen und glauben, es bei einem Einkauf bereits mit einem gut empfohlenen Bekannten zu tun zu haben.

Abb. 126. Modemagazin in Paris, 1678 (Berain).
(Böhm, Mode des 17. Jh.)

d) Der Innenraum.

Die relativ kleinste Entwicklung entfällt, so paradox es im ersten Moment klingen mag, auf die innere Einrichtung der Geschäfte. Zwischen der inneren Einrichtung des Bazars des römischen Ladens (s. Abb. 115) und des Geschäftes zu Beginn der Neuzeit (s. Abb. 126) besteht nur ein gradueller Unterschied. Wir sehen überall die Ware entweder auf Tischen und Pulten ausgestellt oder auf Stellagen angehäuft.

Eine grundlegende Änderung brachte auch hier erst die moderne Betonbautechnik mit ihren weiten Hallen,

Abb. 127. Warenarrangement in einem modernen Warenhause. (L. Tietz, Düsseldorf.)

welche die Zwischenwände beseitigte und damit eine neue Form der Warenschaustellung notwendig machte. An Stelle der Stellagen traten große Verkaufs- und Schaustellungstische (s. Abb. 127), die zum großen Teile in der Mitte des Verkaufsraumes aufgestellt wurden. Bemerkenswert ist, daß in diesen Geschäftsgebäuden das kaufende Publikum selbst in geschickter Weise dadurch als Reklame für das Unternehmen ausgenützt wird, daß in den oberen Stockwerken Galerien und Balkons angebracht sind, von welchen aus das Menschengewühl im Parterre bequem beobachtet werden kann. Die suggestive Wirkung beim Anblick des kaufenden Publikums ist eine derart große, daß hiedurch allein schon der Anlaß und Kaufreiz zu einem großen Teil des Umsatzes gegeben wird.

XII. Ausstellungen und Messen.

a) Allgemeines.

Ihrem Begriff nach versteht man im allgemeinen unter einer Ausstellung[1]) die öffentliche Vorführung von Erzeugnissen und anderen anschaulichen Darstellungen künstlerischer, gewerblicher, landwirtschaftlicher oder sonstiger Arbeiten zu dem Zweck, durch mehr oder weniger umfassende Schaustellung auf die Interessenten möglichst nachdrücklich einzuwirken.

Die einzelnen Arten der Ausstellungen erhalten ihren Charakter hauptsächlich durch die in ihren Bereich gezogenen Erzeugnisse und Arbeitsgebiete, die sich in recht verschiedenem Maße zur Schaustellung eignen, durch die Formen, in denen die öffentlichen Vorführungen bewirkt werden und durch die mit der Ausstellung angestrebten besonderen Ziele und Aufgaben.

Teils sollen in den Ausstellungen durch übersichtliche Darstellung der Produkte, der Leistungen der Produktion usw. Veranstaltungen zur allgemeinen Belehrung und zu erziehlichen Zwecken geboten werden, teils sollen sie zur Förderung der Produktion durch Vergleichung der Produkte der konkurrierenden Firmen, durch gegenseitiges Voneinanderlernen, durch Erhöhung des Verständnisses der Produktion, durch Anspornung zu technischen und wirtschaftlichen Höchstleistungen (Prämiierungen, Belohnungen, Kritik, Auszeichnung usw.), zur Hervorbringung edelster Produkte dienen; ferner liegt ihre Aufgabe auch in der Reklame, zwecks Förderung des Absatzes sowie des Verbrauches und dadurch wieder indirekt in der Förderung der Rentabilität und der Produktion. Schließlich werden Ausstellungen auch zur Zusammenführung einer möglichst großen Zahl von Interessenten (von Abnehmern der Waren, Erzeugern und sonstigen Besuchern), zur Verbreitung von Ideen, Förderung des Fremdenverkehrs usw. veranstaltet. Sie sind vielfach mit Unter-

[1]) Die Reklame zur Förderung des Besuches von Ausstellungen und Messen durch Aussteller und Publikum s. unter Reklame für Länder und Gemeinden, S. 179. Über obigen Gegenstand s. Handwörterbuch der Staatswissenschaften Bd. II, Gustav Fischer, Jena 1924.

haltungs- und Vergnügungseinrichtungen, Massenveranstaltungen großen Stils, Kongressen usw. verbunden.

Die Ausstellungen sind in dieser Hinsicht gewissermaßen als eine Fortbildung der Verkehrsformen der Märkte, insbesondere der Jahrmärkte, zu betrachten. Dementsprechend sind auch die Unterschiede zwischen beiden vielfach recht fließend geworden und gerade in der neuesten Zeit haben sich durch das erneute Aufblühen des Messewesens und der mit ihnen verbundenen Veranstaltungen, besonders seit Ende des Weltkrieges, manche Unterschiede zwischen Ausstellung und Messe sehr stark verwischt.

Zwischen der modernen Musterlagermesse bzw. Mustermesse oder der modernen technischen Messe einerseits und gewissen Arten von Ausstellungen anderseits ist kaum noch ein wesentlicher Gegensatz vorhanden. Im allgemeinen hat man als wesentliche Unterscheidungsmerkmale der Ausstelstellungen und der Messen festzustellen, daß die ersteren mehr gelegentlich als mehr lehrhafte und produktionsfördernde Veranstaltungen stattfinden, während bei den letzteren die periodische Wiederholung und der Geschäftscharakter (der Wareneinkauf und -verkauf) überwiegen, daß die Ausstellungen im allgemeinen nur nichtverkäufliche Gegenstände (in meist nur einem Exemplar jeder Sorte, Type, jedes Modelles usw.) zur Schau stellen, sachlich meist weiteren Rahmen haben und auf den Besuch breiter Volksmassen, auch der Verbraucher, rechnen, daß dagegen die Messen die Waren in größeren Mengen der gleichen Stücke zusammenführen und zum Teil zum direkten Absatz bringen, daß sie meist auf ein kleineres Gebiet der Produktion beschränkt sind als die Ausstellungen, in der Hauptsache von Geschäftsleuten besucht werden usw.

b) Die wichtigsten Ausstellungen.

Die ältesten Ausstellungsarten sind die Kunstausstellungen, namentlich auf dem Gebiete der Malerei und der Bildhauerkunst; sie sind am frühesten in Rom, Venedig, Paris, Wien usw. anzutreffen gewesen. Seit Mitte des 18. Jahrhunderts hat das Ausstellungswesen auf das Gebiet des Gewerbes übergegriffen, zunächst des Kunstgewerbes und des neu auf-

11*

kommenden Maschinenwesens, später auf fast alle anderen Arten gewerblicher, wirtschaftlicher und kultureller Betätigung. Solche ältere Ausstellungen, die vornehmlich dem Zwecke der Belehrung dienten, fanden 1763 in Paris, 1756 in London, 1790 in Hamburg, 1791 in Prag, 1798 in Paris und anderwärts statt.

Zu den anfänglichen ideellen, lehrhaften Zielen der Ausstellung traten aber bald geschäftliche Zwecke, namentlich

Abb. 128. Ein Teil der Industrie- und Gewerbeprodukten-Ausstellung, Wien, 1835.
(Staatliche Sammlung „Albertina", Wien.)

Zwecke der Reklamewirkung, was in den sieben französischen Landesausstellungen in der Zeit von 1817 bis 1849 und in einer Reihe deutscher Landes- und Reichsausstellungen in der Zeit von 1818 bis 1854 sowie in mehreren kleineren Landesausstellungen in England gegen Mitte des 19. Jahrhunderts bereits hervortrat.

In stärkerem Maße machte sich aber die Entfaltung der Gewerbeausstellungen (s. Abb. 128) zu einem Mittel der Massenreklame erst seit Mitte des 19. Jahrhunderts mit dem Wachsen des Großbetriebes, mit der Ausbildung der Geschäftsreklame, mit der Entwicklung des Eisenbahnverkehrs, des Zeitungswesen usw. geltend. Zugleich gewann der Gedanke der Erweiterung der Landesausstellungen zu internationalen Ausstellungen.

mit der Zunahme der Exportindustrien und des internationalen Wettbewerbes immer mehr Raum. Die erste dieser Ausstellungen, die man als „Weltausstellungen" bezeichnet hat, fand 1851 in London statt. Sie sollte als „Industrieausstellung aller Völker", ihrem vorsätzlichen Zweck nach, eine „kulturhistorische Bilanz" darstellen und übertraf auch tatsächlich durch ihren Umfang und ihre glänzenden Veranstaltungen alles frühere bei weitem; ihr folgten an den verschiedensten anderen Weltplätzen weitere Weltausstellungen, so 1855 in Paris, 1862 in London, 1867 in Paris, 1873 in Wien, 1876 in Philadelphia, 1878 und 1889 in Paris, 1893 in Chicago, 1900 in Paris, 1904 in St. Louis.

Seit Ende der 60er Jahre des vorigen Jahrhunderts verlor der Gedanke der Weltausstellungen seine beherrschende Bedeutung, an ihrer Stelle bildeten sich namentlich in England und seit 1868 auch in Deutschland die „Provinzial- und Fachausstellungen" stärker aus.

Soweit die Ausstellungen als Einrichtungen der unmittelbaren Absatzvermittlung in Frage kommen, treten sie mit in die Reihe der sonstigen Werbeeinrichtungen für die Industrieunternehmungen und Kaufleute, also auch in die Reihe der Messen, der Geschäftsreisenden usw., die sämtlich in ihrer Bedeutung wieder durch den Stand der allgemeinen Transportverhältnisse stark beeinflußt werden. Dieser geschäftliche Charakter der Konkurrenz, der Reklame und des Absatzes überwiegt bei den Ausstellungen der neuesten Zeit.

c) Bewegliche Ausstellungen und Messen.

Eine der auffallendsten Erscheinungen in der Kundenwerbung der Nachkriegszeit bildete das Neuerwachen und Überhandnehmen der Ausstellungen und Warenmustermessen. Zufolge der politischen Neugruppierung wollte jeder Staat seine eigene (internationale) Messe besitzen. Selbst in kleinen Staaten war die alljährliche Abhaltung mehrerer Messen bereits keine Seltenheit geworden. Diese Umstände hatten begreiflicherweise eine intensive Konkurrenz in der Werbetätigkeit der einzelnen Ausstellungs- und Messeleitungen untereinander um die Besucher zur Folge.

Die jüngste Idee in dem „Wettkampf um den Ausstellungs-(Messe-)Besucher" hatte das Bestreben, demselben die immerhin erheblichen Reisekosten zur Messe zu ersparen und die Ausstellung bzw. Messe zu ihm zu bringen, statt daß, wie es bisher der Fall war, der Besucher den Standort der Ausstellung und Messe aufsuchen mußte. Diese neue Idee sollte dadurch verwirklicht werden, daß man Musterwaren an Bord eines Handelsschiffes nach dem Auslande sendet, um auf diese Weise neue Absatzgebiete zu schaffen.

Die seinerzeitige österreichisch-ungarische Monarchie hat bereits vor dem Kriege Verhandlungen gepflogen, um ein derart ausgerüstetes Schiff unter österreichischer Handelsflagge nach Südamerika zu entsenden. Der Krieg vereitelte diesen Plan. Mexiko hat im Jahre 1923 ein mit Erzeugnissen und Landesprodukten beladenes Warenmusterschiff nach Europa, speziell nach Frankreich gesendet und hierbei vollen Erfolg erzielt. In Deutschland veranstaltete im Jahre 1924 die Firma Wilhelm Diebener, G. m. b. H., gemeinsam mit dem Verein für Auslandsreisen, E. V., Bern „Schwimmende Messeausstellungen", deren erste im August und September des Jahres 1924 mit Erzeugnissen der Edelmetall-, Uhren- und Schmuckindustrie den Orient besuchte, wobei die Haupthäfen von Jugoslavien, Griechenland, der Türkei, Palästina und Ägypten bearbeitet wurden.

Das günstige Ergebnis hat in Frankreich den Anlaß dazu gegeben, daß man sich in maßgebenden Kreisen mit der Entsendung eines eigenen Warenmusterschiffes nach der Levante eifrig beschäftigt. In Österreich, das durch die Friedensverträge vom Meere abgeschnitten ist und als einzigen Wasserweg die Donau besitzt, ist eine Donau-Propaganda und Ausstellungs-A.-G. in Gründung (s. Abb. 129).

Das Warenmusterschiff rechnet auch besonders stark mit der Sensation, welche ein derart neues Unternehmen für Hafenplätze bedeutet. Dadurch daß auch dem konsumierenden Publikum der Zutritt gestattet wird, wirkt das Schiff als Ausstellung und Messe zugleich und wird zum Mitwerber für die ausgestellten Waren.

In diesem Zusammenhange sind auch die in England in Aussicht genommenen Ausstellungs-Eisenbahnzüge zu erwähnen. Vor kurzem haben nämlich die vier führenden englischen Eisenbahngesellschaften bekanntgegeben, daß sie die demnächst zu verwirklichende Absicht haben, auf ihren Linien Ausstellungszüge laufen zu lassen, welche mit Waren verschiedenster Art angefüllt sind, die der Handelswelt wie dem Publikum zur Besichtigung freistehen und auch besondere Vorkehrungen für den unmittelbaren Abschluß von Geschäften besitzen. Die Züge werden vom Handelspersonal begleitet sein, welches Interessenten zum Besuche der Ausstellung einladen wird, während die Züge auf einem toten Geleise in Ruhe liegen.

Abb. 129. **Ausstellungskoje auf einem Messeschiff.**
(Entwurf Kap. Trost, Wien, 1925.)

XIII. Geschäftliche Auszeichnungen und Titel.

Geschäftliche Auszeichnungen wurden erst zu Beginn der zweiten Hälfte des 19. Jahrhunderts Mode; früher begegnete man ihnen nur ausnahmsweise. Den Anlaß hierzu gab die in diese Epoche fallende große Anzahl von Ausstellungen, welche vielfach an die einzelnen Aussteller Medaillen und ähnliche Auszeichnungen ausgaben. Diese Firmen benützten diese Auszeichnungen als Beweis für die besonders gute Qualität und Arbeit ihrer Erzeugnisse zu Reklamezwecken.

Die holländische Uhrenfirma Jürgensen z. B. führt in ihrem Katalog folgende Auszeichnungen an:

1867. Paris. Gold Medal and Honorary Diploma.
1868. Le Havre. Maritime Exhibition: Gold Medal.
1871. Naples. Maritime Exhibition: Gold Medal.
1872. Copenhagen. Honorary Diploma and Gold Medal.
1873. Copenhagen. First Class Gold Medal.
Created Knight of the Royal Order of Danebrog.
1881. Chaux-de-Fonds. President of the Jury. Hors concours.
1883. Zurich. Member of the Jury. Special Honorary Diploma.
1883. Zurich. Diploma for Remarkable and Distinguished Collection of Chronometers and the Exhibiter's Perseverance in Carrying out Perfections of a Genuine Value.
1889. Paris. Gold Medal.
1890. 3 Gold Medals. Acedémie Nationale.
1893. Chicago. (Universal Exhibition) Honorary Diploma. Grand Medal, the only one awarded.
1894. Yverdon. (Switzerland.) President of the Watchmaker's Section.
1896. Geneva. Gold Medal, highest award.
1900. Paris. Grand Prix.
1901. Created officer of the Légion d'Honneur.

Die Abb. 131 zeigt bereits die Auswüchse[1]), welche diese Verleihungen von Auszeichnungen hervorbrachten; es wurden eigene Ausstellungsvereine gegründet, welche ausschließlich den Zweck hatten, an ihre Mitglieder Auszeichnungen, Medaillen und Diplome zu verteilen. Der deutschen Ausstellungskommission für das Jahr 1909 allein, sind 676 gewerbliche Ausstellungen (318 in Deutschland und 358 im Ausland) bekannt geworden. Dadurch daß sich auf diese Weise beinahe jeder Geschäftsmann leicht eine beliebige Anzahl von Auszeichnungen beschaffen konnte, über deren Wert oder Unwert sich das Publikum ein Urteil zu bilden nicht in der Lage ist, gerieten schon nach wenigen Jahrzehnten die geschäftlichen Auszeichnungen derart in Mißkredit, daß ihre Wirkung für Reklamezwecke nahezu vollkommen abstumpfte und dieselben bereits zu Beginn des 20. Jahrhunderts im geschäftlichen Verkehre immer mehr verschwanden. Zum Schutze gegen derartige das Urteil der Öffentlichkeit irreführende Ausstellungen und Auszeichnungen wurde z. B. im Jahre 1892 in Frankreich

[1]) Siehe Dr. Joseph Grunzel, Industriepolitik, III. Bd., Hölder, Wien, Leipzig 1910.

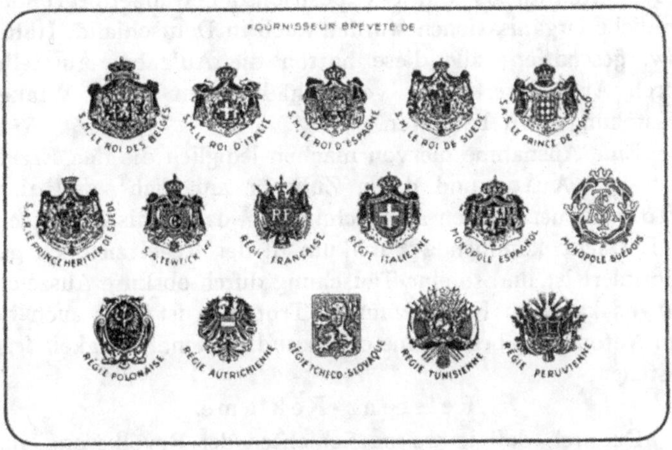

Abb. 130. Aufdruck der Abnehmerliste auf der Innenseite einer Zigarettenschachtel.

Abb. 131. Aufdruck eines Arrangements von Auszeichnungen auf Einwickelpapier, zirka 1870.

das Comité français pour les expositions a l'étranger begründet. Ähnliche Organisationen wurden auch in Deutschland, Italien usw. geschaffen; alle diese hatten die Aufgabe, Aussteller durch Auskunfterteilung vor Schädigungen durch Winkelausstellungen zu bewahren.

Eine Ausnahme hiervon machen lediglich die den Erzeugern von Autos und deren Zubehör anläßlich von Rennerfolgen zuerkannten Auszeichnungen, da das als Interessent in Betracht kommende Publikum in der Regel ziemlich gut informiert ist und so eine Täuschung durch obskure Auszeichnungen kaum in Frage kommt. Trotzdem ist aber auch bei den Automobilfabriken eine offenkundige Rennmüdigkeit festzustellen.

Referenz-Reklame.

Dadurch daß in weiten Schichten der Bevölkerung, insbesondere des Bürgertums, die Landesfürsten und deren Handlungen als vorbildlich galten, bedeutete ihre Bedarfsdeckung bei einer bestimmten Stelle für diese von vornherein eine große Reklame, da das Publikum einerseits annahm, daß die Landesfürsten nur das Allerbeste und Schönste kaufen und da es anderseits der Eitelkeit des Bürgertums entsprach, mit der gleichen Ware wie der Landesfürst seinen Bedarf zu decken.

Die Reklamewirkung dieses Umstandes (Referenzreklame) wurde bereits zu Beginn der Neuzeit erkannt. Francis Drake bestimmte die englische Königin Elisabeth, täglich einen Gang Kartoffeln servieren zu lassen, um diese Nahrung auf diese Weise bei der Bevölkerung einzuführen. Mit dem Tode der Königin Elisabeth (1603) geriet jedoch die Kartoffel wieder vollständig in Vergessenheit und sie wurde lediglich als Zierpflanze verwendet. Zur Zeit der Hungersnot (1793) pflanzte ein Gutsbesitzer Kartoffeln und verbreitete in der Bevölkerung die Mitteilung, daß die Knollen ausschließlich für die zahlungskräftigen Schichten zum Verkaufe bestimmt seien. Die Bauern der Umgebung plünderten die Kartoffelfelder hierauf, und auf diese Weise gelang die Einführung der Kartoffel.

Als P. T. Barnum die schwedische Sängerin Jenny Lind im Jahre 1849 nach Amerika engagiert hatte, machten es sich die Modistinnen und Besitzer der besten Geschäfte zur Ehre, der Sängerin wertvolle Muster von Gewändern, Hüten, Handschuhen u. dgl. zu vereheren. Durch die Bezeichnung der betreffenden Ware als Jenny Lind-Mäntel, -Hüte, -Handschuhe u. dgl., welche in gleicher Qualität vom Publikum stark begehrt wurden, brachten diese Lieferanten ihre Freigebigkeit bald vielfach ein. Um in London durchzudringen, setzte Barnum im Jahre 1844 die Vorführung des Zwerges Tom Thumb vor der Königin durch. Die Wirkung faßt Barnum mit folgenden Worten zusammen: „Es war sozusagen ein Verstoß gegen Mode und guten Ton, Tom Thumb nicht gesehen zu haben."

Mitte des 19. Jahrhunderts wurde der Hoflieferantentitel, der übrigens, was der Mehrzahl des Publikums ganz unbekannt ist, eine effektive Lieferung an den Hof gar nicht bedingte, in vielen Staaten ein sehr begehrter Zusatz zur Geschäftsfirma (siehe Abb. 131).

Diese Einrichtung hielt sich, wenn auch mit einiger Abschwächung, bis zum Jahre 1918, in welchem bekanntlich in den besiegten Staaten die republikanische Staatsform eingeführt und daher der Hoflieferantentitel bedeutungslos wurde. Diese Umwälzung hat im weiteren Verlaufe das Interesse an den geschäftlichen Auszeichnungen und Titeln fast ganz beseitigt.

Eine Abart dieser Reklameform ist die in den letzten Jahren besonders bei Heilmitteln und Gebrauchsgegenständen stark benützte Referenzreklame. Durch unentgeltliche Überlieferung von Mustern oder Probegegenständen werden für die Reklamewirkung geeignete Personen zum Gebrauche und in weiterer Folge zur Abgabe eines Gutachtens über dieselben veranlaßt. Die Gutachten werden hierauf gesammelt und veröffentlicht, ein Vorgang, der sich in vielen Fällen tatsächlich als sehr wirksam und erfolgreich erwiesen hat.

Eine äußerst geschickte Reklame dieser Art machte die — jetzt aufgelöste — Nomos-Uhr-Gesellschaft. Allerdings war die Art, wie die Gutachten eingeholt wurden, nicht einwandfrei. Der Geschäftsführer der Gesellschaft übergab in persönlicher Verehrung den gerade aktuellen Berühmtheiten eine kostbare Uhr und bat gleichzeitig, ihm doch zu schreiben, wie die Nomos-Uhr gefalle. So erreichte er glänzende Urteile, die er mit dem Bilde der betreffenden Persönlichkeit und einem kurzen Texte über diese in seinem Kataloge abdruckte.

XIV. Die Geschenkreklame.

Die Geschenkreklame geht darauf zurück, daß einzelne Händler auf den Gedanken kamen, den Kindern ihrer Kundschaft regelmäßig eine Süßigkeit u. dgl. zu schenken, um sie auf diese Weise zu veranlassen, den Besuch ihrer Geschäfte von den Eltern zu verlangen.

Derzeit werden zu Reklamezwecken die verschiedensten Gebrauchsgegenstände verschenkt, in erster Linie, um beim Empfänger den Namen der Firma ständig wachzuhalten. Als Geschenke werden Postkarten, Kalender, Notizbücher, Bleistifte, Zündholzschachteln, Feuerzeuge, Taschenspiegel, Briefmarken, Löschpapier, Papierservietten, Lose sowie Muster und Warenproben aller Art verwendet.

Zur Einführung des Turokbrotes bot eine Firma in Cardiff im Jahre 1905 in Zeitungsanzeigen Interessenten Gratislaibe an. Innerhalb der Verteilungsfrist sollen 250000 Stück zur Abgabe gelangt sein.

Die Geschenkreklame tritt auch in versteckter Form als Rabattmarke, Prämie bei Einkäufen in gewissem Mindestumfange, Unfallversicherungen für Abonnenten von Zeitungen, Gratiskonzerten in Warenhäusern u. dgl. auf.

Eine der Geschenkreklame verwandte Reklame ist die Abgabe sogenannter Lockartikel, d. i. der eventuell sogar zu Verlustpreisen durchgeführte Verkauf einzelner Waren seitens großer Geschäftshäuser, um an das auf diese Weise angelockte Publikum auch andere Waren selbstverständlich zu normalen Preisen abzusetzen.

Durch Räumungs- und Ausverkäufe wollen einzelne Kaufleute in dem Publikum die Vorstellung einer eigenen Zwangslage und einer besonders günstigen Kaufgelegenheit erwecken; da derartige Ankündigungen vielfach auf falschen Tatsachen beruhten, so bestehen in einzelnen Staaten bereits gesetzliche Beschränkungen derartiger Ankündigungen und Verkäufe (s. auch S. 236).

XV. Groteske und sensationelle Reklame.

Einzelnen Reklametreibenden genügt selbst die restlose Ausnützung der besprochenen Reklamemittel nicht, sie suchen etwas Absonderliches, um die Aufmerksamkeit in erhöhtem Maße auf sich zu lenken. Abb. 132 zeigt ein Inserat, durch welches beim ersten Eindruck eine Uhrenfabrik offenbar in Mißkredit gebracht wird: der Zweck ist jedoch ausschließlich der, durch dieses Kuriosum die Zeitungsleser zur besonderen Beachtung des Inserates zu veranlassen.

Zugsverspätung
durch eine
Zenith-Uhr

Kürzlich hat ein Reisender im Vertrauen auf seine Zenith-Uhr seinen Zug versäumt. Es hat sich bei der Untersuchung ergeben, daß die Uhr, als sie zum Verkauf gelangte, nicht genügend geölt war. Das ist bei einer X-Uhr begreiflich; eine Zenith-Uhr aber, die den Weltrekord für Präzision schlägt, sollte sich diesen Scherz nicht erlauben. Es ist übrigens dafür gesorgt, daß Reisende, die sich im Besitz einer Zenith-Uhr befinden, in Zukunft ihren Zug nur dann versäumen, wenn sie vergessen haben, ihre Uhr — aufzuziehen.

Abb. 132. Groteskes Inserat.

Der berühmte Reklamemeister Barnum („Aus dem Leben Phineas Taylor Barnum", Verlag Otto Wigand, Leipzig, 1924) trug nach Etablierung seines Zirkuses die Maske eines in der dortigen Gegend als Frauenmörder berüchtigten Pfarrers. Die Bevölkerung wollte ihn lynchen, eine Justiz, die nur im letzten Moment verhindert werden konnte. Dieser Vorgang und die Aufklärung dieses Mißverständnisses durch ihn wird von Barnum als besonders zugkräftige Reklame für seinen Zirkus in diesem Orte bezeichnet.

Ein anderes Mal beschäftigte Barnum einen Bettler damit, daß er Ziegelsteine an verschiedenen, in der Nähe des Zirkuses befindlichen, vom Publikum stark frequentierten Stellen niederlegen ließ; einen Ziegelstein behielt dieser Bettler immer in der Hand und wechselte ihn auf seinem ständigen

Rundgang immer mit je einem der niedergelegten Ziegelsteine aus; diesen Rundgang beendete der Bettler regelmäßig damit, daß er in das Museum ging und dort einige Minuten verblieb. Viele Hunderte der neugierig gemachten Passanten nahmen Eintrittskarten in das Museum, um zu sehen, was der Bettler dort trieb. Auf diese Weise wurde angeblich ebenfalls eine bedeutende Einnahme erzielt.

Abb. 133. Groteske Reklamefigur

(Julius Klinger „Der Bücherwurm" am Geschäftshaus der Firma M. Perles, Wien.)

Auch sonst ist die Neugierde des Publikums ein beliebtes Reklamemittel. Es werden oft wochenlang Plakate und Inserate verbreitet mit der Frage „Was ist Hobby" u. dgl. Ist die Neugierde genügend stark erweckt, so wird dann in ebenso großen Plakaten die Antwort: „Hobby ist der neueste Film, das beste Waschmittel, das wirksamste Mittel gegen Zahnschmerzen u. dgl." verbreitet.

Auch die Aufstellung grotesker Figuren entweder in der Auslage oder vor dem eigenen Geschäfte (s. Abb. 133) oder in den Auslagen befreundeter Firmen wird gerne als Attraktionsmittel benützt.

Franklin hat Mitte des 18. Jahrhunderts, um die Wirkung des Gipses als Kunstdünger zu beweisen, in mehreren Meter großen Buchstaben auf seinem Grundstücke mit Gips die Worte „here is gegipst" (hier ist Gips ausgestreut) geschrieben. Als dann die Ernte kam, sah die Bevölkerung, daß die an diesen Stellen gewachsenen Pflanzen viel größer und schöner waren als an den übrigen Orten und so zur lebendigen Reklame für den neuen Kunstdünger wurden.

In einzelnen Fällen führt jedoch die sensationelle Reklame auch zu geschmacklosen Mißbräuchen. So ließ eine Füllfederfirma Heiratsinserate erscheinen und stellte dann die eingelangten Schreiben in ihrem Schaufenster aus.

Im großen und ganzen muß die sensationelle und die groteske Reklame als Ausnahmeerscheinung bezeichnet werden; sie hat sich auch bisher in weitem Umfange nicht durchzusetzen vermocht.

XVI. Die Kollektivreklame.

Unter Kollektivreklame versteht man den Zusammenschluß mehrerer Interessenten zur gemeinsamen Reklame. Auf diese Weise sollen gemeinsame Ziele durch gemeinsam aufgewendete Mittel gefördert werden. Die Konkurrenz der Interessenten untereinander bildet hierbei kein Hindernis, da die Kollektivreklame in Formen gebracht wird, durch welche die Aufmerksamkeit des Publikums bloß nach einer gewissen Richtung hin gelenkt wird, ihm aber innerhalb derselben die freie Entscheidung überlassen bleibt.

Bereits in einem Flugblatte des Buchführers Peter Schöffer aus dem Jahre 1469 sind Bücher seiner Druckerei und der Druckerei Gutenbergs gemeinsam angekündigt. Diese Anzeige dürfte wohl die erste Kollektivreklame gewesen sein.

Die nächste Stufe bilden die Zunftzeichen. Die Zunftangehörigen hatten alle das gleiche Zunftzeichen ausgehängt, z. B. jeder Schlosser den Schlüssel (s. Abb. 25). Von dem Zunftwesen leitet sich auch die gemeinsame Ankündigung der Verkaufskonditionen gewisser Gewerbe- und Handelszweige ab. Um das im Verkehr mit der Kundschaft immerhin für den einzelnen

Abb. 134. Kollektivplakat der deutschen Schirmindustrie (wurde in Deutschland i. J. 1924 zur Erregung des Interesses für Schirme verbreitet).

Verkäufer odiose Diktat bestimmter Konditionen und Prese zu vermeiden, lassen einzelne Berufsvereinigungen die von ihnen beschlossenen Konditionen in Form von Inseraten, Affichen, Rundschreiben u. dgl. veröffentlichen, um dem Abnehmer die Unabänderlichkeit der Konditionen derart zu suggerieren, daß ihm selbst ein Abgehen von ihnen als aussichtslos erscheint.

Vielfach wird auch Kollektivreklame zu dem Zwecke gewählt, um das Publikum auf eine bestimmte Ware aufmerksam zu machen. Es sei hierbei z. B. auf das zu Weihnachten 1924 verbreitete Plakat der Schirmerzeuger (siehe Abb. 134) hingewiesen, welches lediglich einen Schirm enthält mit der Bemerkung: „Zum guten Kleid der gute Schirm". Im Deutschen Reiche werden auch seitens der Sportartikelindustrie an das Publikum in großem Umfang Broschüren und Aufklärungsschriften über die Wichtigkeit und gesundheitliche Bedeutung des Sportes versendet. Auch hier steuern also Konkurrenten für einen gemeinsamen Reklamezweck Mittel zusammen, um zunächst die Aufmerksamkeit des Publikums in entsprechendem Umfange wachzurufen, da dann erst begreiflicherweise die Reklame des einzelnen überhaupt Aussicht auf Erfolg hat.

Das ausgedehnteste Gebiet der Kollektivreklame jedoch ist der Fremdenverkehr. Trotz der in den einzelnen Verkehrsgebieten bestehenden scharfen Konkurrenz der einzelnen Herbergsunternehmungen haben sie doch alle das eine gemeinsame Interesse, das Publikum gerade ihrem eigenen Gebiete zuzuführen und hierdurch vor anderen fremden Verkehrsgebieten den Vorsprung zu gewinnen. Es werden gemeinsame Fremdenzeitungen herausgegeben, gemeinsame Plakate und Prospekte verbreitet, gemeinsame Inserate angeschlagen usw.

Ein großes Gebiet der Kollektivreklame bilden schließlich die sogenannten Exportrubriken in den Zeitungen. Unter dem Gesichtspunkte, daß ausländische Bezieher sich die Frage stellen: „Wer exportiert?", sind branchenmäßig geordnete Exportbezugsquellenverzeichnisse unter einer gemeinsamen Rubrik „Exportanzeigen" in den Zeitungen aller am Export interessierten Staaten üblich.

Eine besondere Art der Kollektivreklame ergibt sich auch manchmal aus der Tatsache, daß eine Reihe vielfach sehr verschiedenartiger Unternehmungen Eigentum einer Person bilden. Hierher fallen beispielsweise die Ankündigungen einzelner Gemeinden, welche zusammenfassend alle ihnen gehörenden Unternehmungen, wie Straßenbahnen, Gas- und Elektrizitätswerke, Lagerhäuser usw. aufzählen.

Die immer weiter fortschreitende berufliche Organisation in allen Interessentenschichten, welche allein schon praktisch genommen eine besondere Betonung gemeinsamer Interessen darstellt, bedeutet für die Kollektivreklame in Hinkunft eine ungeahnte Entwicklungsmöglichkeit und damit gleichzeitig das Aufsteigen einer neuen Form des Konkurrenzkampfes, nämlich den der Geschäftszweige untereinander.

B. REKLAME FÜR LÄNDER UND GEMEINDEN.

I. Allgemeines und Historisches.

Ebenso wie sich die Notwendigkeit ergibt, für Waren (bewegliche Sachen) zum Zwecke des geschäftlichen Umsatzes Reklame zu machen, so machte sich durch die Entwicklung des Gastgewerbes und der Hotelindustrie wie auch durch das

Abb. 135. Reklame für Besiedlung neuer Gebiete. (Die zwei Boten aus dem gelobten Lande Kanaan mit der Traube, um das jüdische Volk von dem Reichtum des Landes zu überzeugen.)
(Silberplastik aus dem Jahre 1734.)

Emporblühen der Verkehrsanstalten die Notwendigkeit geltend, für ganze Landesgebiete Reklame zu machen, einerseits um durch den Konsum der Fremden eine Reihe von Erwerbsmöglichkeiten zu fördern und anderseits um die Inanspruchnahme der Verkehrsmittel zu vergrößern.

Hierbei ist zu betonen, daß bereits vor der Fremdenverkehrsreklame die Propaganda für ganze Landesgebiete in großem Umfange durchgeführt wurde. Das älteste Zeugnis hierfür gibt uns das Alte Testament (4. Buch Moses, Kapitel 13) durch den Bericht darüber, wie die Diener des Moses die jüdische Bevölkerung für die Besiedelung des gelobten Landes „Kanaan" gewannen (s. Abb. 135). Die diesbezügliche Bibelstelle lautet:

Und Moses schickte die Diener, zu erspähen das Land Kanaan. Und sie kamen bis in das Tal Eschkol, schnitten dort eine Rebe mit einer Weintraube ab, die sie auf einer Trage zu zweien trugen und nahmen von den Äpfeln und Feigen. Und sie kehrten zurück vom Erkunden des Landes nach Verlauf von 40 Tagen. Da gingen sie und kamen zu Moses und Aron und zur ganzen Gemeinde der Söhne Israel in der Wüste Paran nach Kadis und brachten ihnen und der ganzen Gemeinde Antwort und ließen sie die Früchte des Landes schauen. Und erzählten ihm und sprachen: „Wir kamen in das Land, wohin du uns gesendet; wahrlich, gesegnet ist es mit Milch und Honig, und dieses ist seine Frucht."

Für die Besiedelung der neuentdeckten Erdteile wurde in den ersten Jahrhunderten der Neuzeit lebhafte Propaganda gemacht; es wurde den Auswanderern unentgeltliche Landzuweisung und die Beistellung von Geldmitteln, Ackergeräten usw. versprochen. John Law machte nach Gründung der Compagnie des Indes 1719 große Propaganda für die Besiedlung der Länder am Missisippi, wobei allerdings der Erfolg dieser Aktion durch seinen bereits in das Jahr 1720 fallenden geschäftlichen Zusammenbruch fast gänzlich verhindert wurde.

Die Werbetätigkeit für die Besiedlung Kanadas zur Gewinnung neuer Einwanderer und Kolonisten knüpfte in erster Linie an das Verfahren der großen Eisenbahngesellschaften und an den Namen Clifford Stifton, Minister des Innern, an. Dieser errichtete in einer Reihe von Staaten Agenturen, welche auch die Erzeugnisse von Kanada vorzuführen hatten, sorgte für die Verbreitung der Kenntnisse über das Land und den Stand seiner landwirtschaftlichen Entwicklung durch Drucksachen und Abbildungen, veranstaltete Ausflüge und Besuchsreisen von Zeitungsherausgebern, von Personen, die als Landkäufer in Betracht kamen usw. Hunderttausende wurden auf diese Art ausgegeben, dafür aber stieg in dem Zeitraume seit Beginn der

Unternehmung, d. i. 1896 bis 1903 die Zahl der Einwanderer aus den Vereinigten Staaten von 108 auf nahezu 50000 im Jahre. Dem Beispiel der Regierung folgten übrigens Provinzial- und Städteverwaltungen. (S. Pr. Ink. 31. August 1904, 22. März 1905 und 19. Jänner 1910.) Auch die Kolonialregierungen von Australien begannen 1910 einen Reklamefeldzug in England durch Zeitungsanzeigen, namentlich um Landwirte, Hausdienstboten und Kapitalisten zu gewinnen. (S. Adv. W. Apr. 1910, Adv. (Lond.) Juni 1910.)

Die Fremdenverkehrspropaganda der letzten Jahrzehnte wurde dadurch veranlaßt, daß einerseits entsprechende Verkehrseinrichtungen ausgebaut waren und anderseits sehenswerte Naturschönheiten leicht zugänglich gemacht und so der Allgemeinheit erschlossen wurden; diese Umstände reizten wieder zum Bau entsprechender Unterkunftsmöglichkeiten.

Der entscheidende Schritt in dieser Entwicklung wurde durch die Eröffnung der ersten europäischen Bergbahn, d. i. der Bahn von Vitznau am Vierwaldstädter See (Schweiz) auf den Rigi, gemacht, welche am 27. Juni 1873 bis zur Spitze hinauf (Rigi-Kulm) vollendet wurde. Die relativ sehr bedeutenden, hierfür verwendeten Mittel erforderten begreiflicherweise eine starke Ausnützung sowohl der Bahn als auch des damals modernst und mit großen Kosten errichteten Hotels, ein Ziel, das nur durch eine entsprechende Reklame erreicht werden konnte. Bald folgten auch andere Teile der Schweiz diesem Beispiel, und zwar sowohl in der Erschließung von Naturschönheiten als auch in der Organisation einer entsprechenden Propaganda für den Besuch derselben.

Die Fremdenverkehrspropaganda der übrigen Staaten fällt erst in das 20. Jahrhundert, erfuhr jedoch während des Weltkrieges (1914 bis 1918) einen jähen Rückschlag durch die mit dem Kriege verbundene Absperrung der Staaten gegeneinander und begann sich erst in den 20er Jahren des 20. Jahrhunderts neu zu beleben.

Die Mittel der Fremdenverkehrspropaganda sind einerseits solche, die ausschließlich nur für diesen Zweck geeignet sind und anderseits solche, die auch im Dienste der sonstigen geschäftlichen Reklame stehen.

II. Ausschliefsliche Mittel der Fremdenverkehrsreklame.

Zur dieser Gruppe gehören 1. die ausschließlich der Propaganda einzelner Kur- und Erholungsorte dienenden Zeitungen, d. s. die sogenannten Fremdenblätter; 2. Auskunfts-, Reise- und Propagandabüros; 3. Fremdenverkehrs-(Kur-)Kommissionen und solche Verbände.

Die ältesten Fremdenblätter finden wir in der Schweiz. So stammt die Fremdenzeitung des Bades Ragaz aus dem Jahre 1863, die der Orte am Vierwaldstädter See aus dem Jahre 1869, die des Kantons Graubünden aus dem Jahre 1873 usw. Heute haben bereits alle großen Kurorte, Sommerfrischen und Sportgebiete offizielle und periodisch erscheinende Publikationen. Das Fremdenblatt ist zu einer eingelebten und allgemein üblichen Erscheinung geworden.

Zur Information des Reisepublikums wurden ferner besondere Auskunfts- und Reisebüros errichtet. Ihnen obliegt auch die Durchführung der auswärtigen Propaganda. Die offizielle Verkehrskommission in Zürich eröffnete im Jahre 1886 ihr offizielles Verkehrsbüro; dasselbe wurde bereits im ersten Jahre seiner Tätigkeit, wie der Tätigkeitsbericht besagt, von 400 Fremden in Anspruch genommen. Die Parteien informierten sich dort über die Sehenswürdigkeiten der Stadt und ihrer Umgebung, ließen sich Kostenberechnungen für Reisekombinationen machen und fanden auch durch das dort aufgelegte Desiderien- und Beschwerdebuch die Möglichkeit, Beschwerden vorzubringen und die Abstellung allfälliger Übelstände zu beantragen.

Während die Propagandatätigkeit der Auskunftsbüros im Außendienste liegt, so obliegt den Verkehrs- und Kurkommissionen die Organisation des lokalen Dienstes. Diese veranlassen den Ausbau von Wegen und Gartenanlagen, sie veranstalten Konzerte, Feste und Unterhaltungen aller Art, sie stellen Ausflüge, Extrazüge und Gesellschaften für Gesellschaftsautos zusammen, errichten Evidenzstellen für freie Hotelzimmer, sie organisieren den Sportbetrieb durch Anlage von Tennis- und Golfplätzen usw., ihnen obliegt auch die Untersuchung etwaiger Beschwerden und die Abstellung der Übelstände. Bereits im Jahre 1886 betrugen die Ausgaben der Kurkommission Zürich etwa 26000 Frs., welche im Jahre 1925 auf ca. 85000 Frs. gestiegen sind.

Abb. 136. Plakat für die Reichenberger Messe, 1925.

III. Die Geschäftspropaganda im Dienst des Fremdenverkehres.

Neben diesen ausschließlich dem Fremdenverkehr dienenden Propagandaeinrichtungen benützt dieser auch alle sonstigen Reklamemethoden, d. s. 1. Inserate, Plakate und Prospekte; 2. redaktionelle (anonyme) Reklame; 3. belehrende Vorträge mit Lichtbildern; 4. Gewährung von Ermäßigungen von Verkehrsmittel- und Unterkunftspreisen; 5. Propagandaumzüge usw.

Plakate und Inserate werden überall dort veranlaßt, wo ein zahlreiches, für den Besuch in Betracht kommendes Publikum vermutet wird (s. Abb. 55 u. 136). Das verbreitetste und wirksamste Reklamemittel bilden die Prospekte, die von den einzelnen Interessenten oft in vielen Millionen Stück verbreitet werden. Am beliebtesten ist derzeit der sog. Faltprospekt, d. i. ein in der Regel im Oktavformat zusammengelegter, halber Bogen, weil hierdurch einerseits der Druck großer Karten ermöglicht wird und anderseits die Kosten des Heftens erspart werden.

Die redaktionelle Reklame im Dienste des Fremdenverkehrs hat einen sehr bedeutenden Umfang. Die Einladung von Journalisten zu einem mehrwöchigen, unentgeltlichen Aufenthalte in vielen Kurorten ist nahezu zur Regel geworden, eine Einrichtung, die sich selbstverständlich durch die entsprechenden Zeitungsberichte glänzend rentiert. Ermäßigungen für Verkehrsmittel werden entweder aus besonderen Anlässen (wie Messen, Ausstellungen, Kongressen u. dgl.) oder ebenso wie Ermäßigungen im Unterkunftspreise bei entsprechender Aufenthaltsdauer bewilligt. Schließlich werden auch Sandwichmänner, Wagenreklamen (s. Abb. 137) u. dgl. im Dienste des Fremdenverkehrs verwendet.

Eine besonders originelle Reklame dieser Art wurde von der Wiener internationalen Messe, anläßlich ihrer 10. Veranstaltung (7.—13. März 1926) durchgeführt. Sie ließ Abbilder der Messehäuser in den Dimensionen von 3 Meter Länge, 2,20 Meter Breite und 2 Meter Höhe von Künstlerhand herstellen, die auf einem 35 pferdekräftigen Auto montiert, in ganz Mitteleuropa durch ihr Erscheinen den Siegeszug der Wiener Messe wirksam versinnbildlichen sollten.

Abb. 137. Fremdenverkehrsreklame durch Propagandaautos.
(Wiener Messe 1926.)

Auf einem viereckigen Unterbau aus Blech sind das Kegeldach der Rotunde mit der Laterne und der Messepalast genau nach dem Original aufgesetzt (s. Abb. 137). Die Fenster des Unterbaues und der Kuppel erstrahlen abends im Lichte zahlreicher Glühlampen. An drei Seiten des Unterbaues sind transparante Aufschriften „Wiener Jubiläumsmesse, 7.—13. März 1926" angebracht. Fahrer und Mitfahrer sind durch ein Wetterdach geschützt und haben an der Seite ihres Platzes ein großes Fach zur Unterbringung der diversen Propagandaschriften der Messe. Die Insassen des Automobils haben die Aufgabe, überall die Propagandaschriften der Messe, Plakate, Prospekte, Flugzettel usw. zu verteilen, so insbesondere in den Hotels, in den großen Kaufmannsläden, bei Genossenschaften, landwirtschaftlichen Vereinigungen und anderen Wirtschaftsverbänden.

In das Innere des Wagens hat die Messe auch einen Kinoapparat montieren lassen; wenn der Prospekt an der Rückseite des Reklameautos hochgezogen wird, erscheint auf der Kinoleinwand ein überaus lustiger Film: „Die Entdeckung Wiens auf dem Nordpol".

Ein besonderes Mittel der Propaganda gewisser Länder und Orte bilden das Metall- und Papiergeld, die Postwertzeichen und Poststempel. Die Verwendung der Briefmarke für Propagandazwecke setzte erst einige Zeit nach ihrer Einführung ein. Die Marke enthielt ursprünglich, wie es der Zweckmäßigkeit entspricht, in der Mitte die Ziffer des Betrages und in einer Bordüre den Namen des Landes. Guatemala hat mit seiner Marke mit dem Papagei vom Jahre 1886 und Ägypten mit seiner Pyramiden-Marke vom Jahre 1887 den Anfang damit gemacht, jedermann, der irgendwie mit diesen

Abb. 138. Briefmarken im Dienste des Fremdenverkehres (Landschaftsreklame).

Abb. 139. Briefmarken im Dienste des Fremdenverkehres (Ausstellungen, Messen und Sportfeste).

Ländern in Verbindung steht, die Schönheiten und Charakteristik des Landes auf diese Weise bekanntzugeben (siehe Abb. 138 u. 139). Manche Länder und Orte besitzen ausschließlich durch ihre Briefmarken geradezu eine Bekanntheit, die sie ohne dieselben zweifelsohne nicht aufzuweisen hätten (siehe

Abb. 140). Eine sehr zweckmäßige Fremdenverkehrsreklame macht die Schweiz mit ihren Postkarten, auf welchen sich kleine Abbildungen berühmter Landesschönheiten befinden (s. Abb. 141).

Abb. 140. Seltene Briefmarken als unbeabsichtigte Landesreklame.

Eine besonders häufig verwendete Reklame ist die der Ausstellungsmarke, um jeden Briefempfänger aus diesem Lande hierdurch auf die Ausstellung aufmerksam zu machen. Diese Propagandaform wurde bereits im Jahre 1882 von Bayern

Abb. 141. Landschaftsreklamebilder auf Schweizer Postkarten.

anläßlich der Landesgewerbe-, Industrie- und Kunstausstellung in Nürnberg verwendet. Von den in letzter Zeit veranstalteten Ausstellungen wurden die Weltausstellung in Wembley, die Kunstgewerbe-Ausstellung in Paris und die Verkehrsausstellung in München durch Sondermarken propagiert (siehe Abb. 139).

Abb. 142. Fremdenverkehrsreklame durch Poststempel.

Abb. 143. Fremdenverkehrsreklame durch Poststempel (während der Englischen Weltausstellung 1925).

Abb. 144. Notgeld als Fremdenverkehrsreklame (Österreich.)

Abb. 145. **Notgeld als Fremdenverkehrsreklame.**
(Deutschland.)

Abb. 146. **Banknote als Fremdenverkehrsreklame.**
(Tschechoslowakei.)

Relativ neuen Datums ist die Verwendung des Poststempels für Fremdenverkehrszwecke, hier sei auch auf den von der britischen Post für die Ausstellung in Wembley, von Seite der französischen Post für die Pariser Kunstgewerbeausstellung sowie schließlich auch auf den seitens der österreichischen Postverwaltung zugunsten der Wiener Messe ständig verwendeten Poststempel verwiesen (s. Abb. 142).

Abb. 147. Münzen mit Landschaftsdarstellung, 1685.

Auch die Bedeutung von Geldzeichen für die Fremdenverkehrspropaganda ist nicht zu unterschätzen. Hier bot das von den besiegten Staaten zur Zeit der Währungsverschlechterung herausgegebene Notgeld (s. Abb. 144 u. 145) eine reiche Betätigungsmöglichkeit, und tatsächlich ist durch dasselbe gar manches bis dahin verborgene Stück landschaftlicher Schönheit bekannt geworden. Vorbildliche Banknoten sind die 100-Kronennoten der tschechoslowakischen Republik (s. Abb. 146), welche eine überaus günstige, bildliche Darstellung von Prag zeigen und die Schweizer Banknoten. Aber auch das Metallgeld bietet die Möglichkeit der Fremdenverkehrsreklame und es wird auch von ihr, wie aus Abb. 147 zu ersehen ist, ausgiebig Gebrauch gemacht.

C. DIE PERSONENREKLAME.

I. Allgemeines.

Der Ausdruck „Personenreklame" wird selbst von sonst vorurteilsfreien Personen häufig zurückgewiesen, weil in dieser Bezeichnung eine gewisse Herabsetzung berühmter Persönlichkeiten bzw. deren Verdienste gesehen wird. Die Reklamewissenschaft hat jedoch schon seit langem den Sachverhalt richtig erkannt. Rudolf Cronau bezieht in seinem „Buch der Reklame" (1886) die Reklame für Personen ausdrücklich in den Begriff der Reklame ein. Der im Jahre 1887 im Verlag Carl Gerolds Sohn, Wien, erschienene Leitfaden der Reklame beschäftigt sich ausschließlich mit der Reklame für Personen. Professor Dr. Viktor Mataja bezeichnet in seinem Werke „Die Reklame" jede Bekanntmachung von Personen und Gegenständen, die geeignet ist, die Aufmerksamkeit der Menschen zu gewinnen, als Reklame.

Wie sollte auch die Bevölkerung auf andere Weise als durch Reklame wissen, daß der Thronfolger N. N. die hervorragendsten, geistigen und körperlichen Fähigkeiten besitzt, da er doch vielfach durch die Etikette von ihr gänzlich abgeschnitten ist. Wie soll die Allgemeinheit davon Kenntnis haben, daß Dr. X. ein überaus erfolgreicher Operateur ist, da selbst die größte Begeisterung seiner Patienten doch nur relativ enge Kreise erfaßt. Wie soll dem einfachen Bürger bekannt werden, daß der Maler X. der Kunst eine neue Richtung gab, da jener doch selbst in der Regel von Kunst nur sehr wenig versteht und auch mit Kunstsachverständigen kaum in direkte Berührung kommt.

Da die Kenntnis aller dieser Umstände seitens der Bevölkerung zufolge einer inneren oder übersinnlichen Erleuchtung von keiner Seite behauptet wird, so mußte sie ihr eben auf ganz normalem Wege beigebracht worden sein. Bei sorgfältiger, objektiver und vorurteilsfreier Nachforschung bleiben die wahren Ursachen der Publizität der genannten Tatsachen auch nicht verborgen.

Die nachfolgende Abhandlung beschäftigt sich mit den Mitteln der Personenreklame; hierbei sollen jedoch nur diejenigen Reklamemittel und -formen hervorgehoben werden, welche nicht schon bereits früher aus Anlaß der Darstellung der geschäftlichen Reklame erörtert wurden; ferner soll ebenso wie bei der Darstellung jener auch hier der Grundsatz maßgebend sein, daß Details nur insoweit angeführt werden, als sie zur historischen Begründung der angeführten Ergebnisse notwendig sind. Die Häufung von Beispielen wird absichtlich vermieden, um den Überblick nicht zu stören und um die für die Personenreklame wirkenden Kräfte klar hervortreten zu lassen.

Neben der Behandlung der Materie nach den verwendeten Reklamemitteln muß die Personenreklame auch noch in eine solche für politische Persönlichkeiten, d. s. Herrscher, Feldherren und Volksvertreter und eine solche für die Angehörigen von Kunst und Wissenschaft untergeteilt werden.

II. Reklame für politische Persönlichkeiten.

a) Abstämmlinge und Vertreter Gottes.

Das unentbehrliche Instrument für Fürsten und Heerführer ist ihre Autorität gegenüber dem Volke und das Vertrauen desselben zu ihnen. Da den Göttern diese beiden Eigenschaften unbegrenzt zugute kamen, so haben sich bereits Könige und Heerführer in prähistorischer Zeit als Abkömmlinge der Götter bezeichnet.

Die Pharaonen (ca. 3000 v. Chr.) gaben sich als Söhne des Sonnengottes aus; als Alexander der Große auf seinem Zuge durch Ägypten im Jahre 332 v. Chr. in die Oase Siwa kam, wo sich ein Heiligtum des Sonnengottes Amon befand, wurde er von den Priestern als Sohn dieses Gottes und somit als echter Pharao erklärt.

Die Könige der Spartaner leiteten ihre Herkunft von Herakles, dem Sohne des Zeus, ab. Die Perserkönige Cyrus, Daräus usw. haben sich als unmittelbare Abstämmlinge Gottes bezeichnet und sich auch als Götter verehren lassen.

Romulus (860 v. Chr.) wurde der Sage nach als Sohn des Kriegsgottes Mars und einer Vestalin geboren und als Säugling durch eine von Mars gesandte Wölfin genährt. Auch sein Tod war übermenschlicher Art; er wurde während eines großen Unwetters entrückt und erschien später einem vornehmen Bürger im Traume, welchem er die Meldung an die Römer auftrug, daß er zu den Himmlischen heimgegangen wäre.

Der erste römische Kaiser Augustus führte seinen Stammbaum auf Romulus und damit ebenfalls auf Mars zurück, sein Hofpoet Vergil führte in dem Epos „Aeneis" den Nachweis für diese Behauptung. Infolgedessen ließen sich Augustus und seine Nachfolger als Götter verehren; es wurden ihnen Tempel erbaut, täglich Opfer dargebracht, ein eigenes Priesterkollegium eingesetzt usw.

Der Grund der Christenverfolgungen[1]) lag darin, daß die römischen Kaiser in dem Monotheismus die Verneinung ihrer eigenen Gottheit, damit also eine Majestätsbeleidigung, erblickten und die Christen nach den Bestimmungen des Gesetzes über Majestätsbeleidigung als Anarchisten verfolgten. Nach Einführung des Monotheismus im Mittelalter haben sich die mohammedanischen Kalifen (von 632 nach Christi ab) als Stellvertreter des Propheten Gottes auf Erden bezeichnet und auf diese Weise die Autorität für ihr geistliches und weltliches Herrscheramt behauptet. Ähnlich haben sich die russischen Zaren nach Einführung des Christentums in Rußland ausgegeben. Der Titel des Kaisers von Japan „Tenno" ist gleichbedeutend mit Himmelskönig und „Tenshi" mit Sohn des Himmels.

Die monarchische Idee des Mittelalters hat das Herrschertum als eine von Gott gefügte Einrichtung und als Nachfolge der (von Gott abstammenden) römischen Kaiser ausgegeben. Auf die seit dem Jahre 800 n. Chr. durch Karl den Großen eingeführte Krönung zum römischen Kaiser deutscher Nation haben seine Nachfolger den allergrößten Wert gelegt und zu deren Erlangung oft auch sehr bedeutende Opfer gebracht. Selbst noch der bis zum Jahre 1918 regierende österreichische und deutsche Kaiser bezeichneten sich als Kaiser von Gottes Gnaden.

[1]) Siehe Quellen und Begründung Friedr. v. Hellwald, Kulturgeschichte, Friesenhahn, Leipzig 1896.

Um ihre Erhabenheit auch äußerlich darzutun, bedienten sich die Herrscher stets eines reichhaltigen Apparates an Kostümen und Zeremonien, die denen des Gottesdienstes verwandt waren; die Leitung oblag entweder den Priestern oder eigenen Zeremonienmeistern. Überall sind die Herrscher-

Abb. 148. Personenreklame (Der König von Siam während eines Prozessionsumzuges).

gewänder glänzender und prächtiger als die ihrer Umgebung, sie entsprachen im Altertum und Mittelalter vollkommen dem Kostüm, in dem sich das Volk seine Götter dachte. Die etruskischen Könige waren stets von 12 Liktoren begleitet, fuhren auf einem elfenbeinernen Rollstuhl, trugen einen purpurnen, goldbestickten Mantel, einen mit Palmzweigen bestickten Leibrock und ein goldenes Amulett. Mitunter sind die Kleider auch von einer ganz besonderen Farbe, in China z. B. gelb und es ist allen anderen Sterblichen bei Todesstrafe verboten, sich derselben „heiligen Farbe" an ihren Gewändern zu bedienen. Auf dem Haupte trägt der Regent einen ausgezeichneten Schmuck, einen Federputz, ein Diadem, eine Krone, und in den Händen werden die Attribute der Götter als die Symbole der Macht, die elfenbeinernen Zepter mit dem Adler, getragen (s. Abb. 148).

In einer noch erhaltenen Inschrift sagt der ägyptische König Rampsinit: „Ich war gekrönt mit der Krone Atef und den Uräusschlangen, ich legte den Schmuck der Doppelfeder gleich wie der Gott Tanon an, ich setzte mich auf den Thron des Hormachu, bekleidet mit dem Prachtgewande des Sonnengottes Tum." Gott Amon selbst sagt in einem Gedichte zu dem Könige Thutmos III.: „Meine Krone auf Deinem Haupte, sie ist verzehrendes Feuer. Es leuchtet meine Königsschlange an Deiner Stirn. Du leuchtest in dem Angesichte der Feinde in meiner Gestalt."

Am Hofe des brandenburgischen Kurfürsten Friedrich III. trug die Tochter des Herrschers bei ihrer Vermählung ein Kleid, dessen Diamanten vier Millionen Taler wert waren, während 24 vornehme Hofleute ihr mit Wachsfackeln vorleuchteten. Als dann im Dezember 1700 der Kurfürst zur Königskrönung nach Königsberg reiste, führte er ein so zahlreiches Gefolge mit sich, daß er außer den Hunderten von Berlin mitgenommener Rosse noch weiterer 30000 Vorspannpferde bedurfte. Der Krönungsschmuck war viele Millionen Taler wert.[1]) Als der junge Kronprinz zum erstenmale ein Pferd bestieg, ließ Friedrich I. eine eigene Denkmünze auf das merkwürdige Ereignis schlagen — solches forderte die Erhabenheit der königlichen Familie.

Zur Zeit des höfischen Absolutismus war nach allgemeiner Anschauung das Königtum geradezu mit göttlicher Kraft ausgerüstet. Zum Zeichen dessen hatten der König von Frankreich und, weil auf den Besitz Frankreichs seit Eduard III. der König von England Ansprüche erhob,

[1]) Eberty, Geschichte des preußischen Staates, II, 90 ff.

auch dieser die mystische Macht, durch ihre Berührung die Skrofeln zu heilen. Oft kamen Tausende von Kranken, sogar aus Spanien und Portugal, zu solcher Kur an den französischen Hof. Karl II. von England hat während seiner Regierung an 100000 Personen berührt, im Jahre 1658 allein 8500. Dieser Glaube ward durch den Staatsrat, die gesamte Geistlichkeit, die Universität Oxford und die Zustimmung des Volkes bekräftigt, und das nach dem Auftreten eines Bacon, Milton, Hobbes, zur Zeit Lockes! Die Feierlichkeit ging in der Kirche mit besonderer Liturgie vor sich. In Frankreich endigte diese Komödie erst mit dem alten Regime selbst, 1789; in England bereits ein Jahrhundert früher, aber nicht infolge der allgemeinen Aufklärung, sondern wegen der Weigerung König Wilhelms III., sich zu so lächerlichem Gebrauche herzugeben, was man ihm tatsächlich bitter verdachte.[1])

Zu welchem Schwindel mitunter der Götterglaube des Volkes zugunsten der Herrscher mißbraucht wurde, ergibt sich aus einer der Sentenzen Plutarchs, worin ausgeführt wird, daß der König Agesilaus von Sparta, um vor Beginn einer Schlacht den Mut seiner Krieger zu beleben, folgende List angewendet habe: Er ließ das Opfer zurichten, schrieb sich heimlich mit schwarzer Tinte das Wort „Sieg" verkehrt auf die flache Hand, trat zum Altar, um in den Eingeweiden des Opfertieres zu forschen, ergriff rasch die Leber desselben, drückte sie mit der Hand und schien in tiefes Sinnen versunken, als er sich plötzlich mit Begeisterung zu erwachen anstellte und seinen Soldaten das Wort „Sieg" auf der Leber als ein Wunderzeichen der Gottheit vorwies.

b) Herrscher und Feldherren in Werken der Dichtkunst, Malerei und Plastik.

Die Lebensregel Ph. T. Barnums, „Druckerschwärze ist das Blut des beruflichen Lebens", hatten auf ihre Weise und für ihre Zwecke bereits die Machthaber des Altertums voll erfaßt. Alexander der Große von Mazedonien (356 bis

[1]) W. Lecky, Sittengeschichte Europas (deutsche Übersetzung, Leipzig und Heidelberg 1870), I 317 f. — Relazioni degli ambasciatori veneti nel secolo XVII, I 238, III 411.

323 v. Chr.) nahm auf Rat des Philosophen Aristoteles den Studenten der Geschichte und Philosophie Kallisthenes auf seine Feldzüge mit, damit dieser die Geschichte seiner kriegerischen Erlebnisse schreibe und auf diese Weise der Welt von ihnen Kenntnis gebe. Diese Beschreibung des Alexanderzuges in 10 Büchern, in welchen Alexander auch den Beinamen der Große führt, hat den Ruhm und den Namen dieses Königs für alle Zukunft begründet. Es hatte sich also der Rat des Philosophen Aristoteles glänzend bewährt. Hätte Alexander diesen Rat nicht befolgt und einen Geschichtsschreiber auf seine Feldzüge nicht mitgenommen, so würde man von diesen wahrscheinlich ebenso wenig wissen wie von vielen anderen denkwürdigen, aber vergessenen Leistungen hervorragender Persönlichkeiten.

Der römische Kaiser Augustus (63 vor bis 14 n. Chr.) ließ seinen Sieg über Varus durch das Drama „Thyestes" von Varius feiern. Dem Dichter Vergil erteilte er den ausdrücklichen Auftrag, die Taten seiner Ahnherren, d. i. des julischen Geschlechtes, in einem großen Epos zu besingen und dieses damit für die zukünftigen Generationen zu verewigen. In Durchführung dieser Aufgabe schrieb Vergil das berühmte Epos „Aeneis", durch welches auch das von Augustus verfolgte Ziel vollständig erreicht wurde.

Cäsar und Xenophon schrieben persönlich ihre Geschichte, um auf diese Weise ihren Taten ein Denkmal zu setzen. Karl der Große (742 bis 813) ließ seine Politik als Schützer des Christentums im Rolandslied besingen und errang so den Ruhm des weltlichen Schutzpatrons des gesamten Christentums. Die Taten der Hohenstaufen wurden von Walther von der Vogelweide durch die Dichtkunst verewigt. Friedrich II. (1213 bis 1214), der die Bedeutung dieses Werkes für die Verbreitung des Ruhmes seines Stammbaumes erkannt hatte, belohnte Walther von der Vogelweide durch Verleihung eines Lehens. Unter Kaiser Wilhelm II. von Deutschland entstand eine ganze Literatur, welche sich ausschließlich mit seiner Verherrlichung befaßte; die Autoren wurden durch kaiserliche Auszeichnungen und materielle Zuwendungen ständig aufgemuntert.

Ebenso wie die Dichtkunst wurde auch die Malerei und Plastik in den Dienst des persönlichen Lobes der Fürsten und Feldherrn gestellt. Das alte Ägypten zeigt besonders in den Pyramiden wie auch in den Ruinen alter Städte gefundenen

Abb. 149. Personenreklame (Ägyptischer König als Held in der Schlacht).

Skulpturen, daß (s. Abb. 149) sich die Herrscher in monumentaler und das wirkliche Menschenmaß vervielfachter Größe und ihre Leistungen zur Bewunderung des Volkes künstlerisch darstellen ließen. Durch die Pyramiden sollte die ganz unschätzbare und unvergleichliche Bedeutung der Könige gegenüber dem Volke und der Zeitgeschichte symbolisiert werden. Die römischen Kaiser übernahmen dieses System, und zahlreiche Denkmäler und Plastiken auf Triumphbogen und Siegessäulen insbesondere aus der Zeit des Kaisers Augustus (s. Abb. 150) haben deren Ruhm für alle Zukunft verbreitet.

Heinrich VIII. ließ den Maler Hans Holbein im Jahre 1537 nach England kommen und sowohl sich wie auch seine Familienangehörigen von ihm malen. Der burgundische Philipp ließ den Teppichwirkern in Tournai und Arras Magazine bauen und gab ihnen Soldatenwachen, um damit für seine Bestrebungen Reklame zu machen. Karl VII. ergriff

Abb. 150. Augustus (neben ihm Amor, der Sohn der Venus, als Zeichen seiner göttlichen Abstammung).

diese Idee, um auf Gobelins seinen Sieg über die Engländer darstellen zu lassen. Franz I. legte so großen Wert darauf, daß sein Name durch die Kunst geadelt würde, daß er Lionardo gestattete, sechs Jahre lang nichts anderes, als die Haare einer Dame zu malen, und es nicht duldete, daß der Meister anders als in seinen Arm starb. Maximilian II. übertrug dem Maler Albrecht Dürer das von den großen Gelehrten ausgearbeitete Programm der Verherrlichung seines Stammbaumes. In Ausführung dieses Auftrages malte Dürer die Ehrenpforte Maximilians, bestehend aus 92 großen Tafeln, seinen Triumphzug und zahlreiche Bildnisse (1527 bis 1576). Ludwig XIV. (Regierung 1643—1715) vergaß über den Glanz und Ruhm der Gegenwart auch der Zukunft nicht; wie in den Gemälden und Statuen von Versailles wollte er auch in Erzählung und Lied für die Nachwelt weiter leben. Er gewährte Gelehrten und Dichtern Wohltaten; aber er wurde dabei keineswegs von idealer Liebe und Begeisterung für Wissenschaft und Poesie geleitet, sondern was er darin suchte, war lediglich er selbst, sein Ruhm, seine Verherrlichung. Sein Minister Colbert umgab sich mit einem Komitee von gelehrten Dichtern, in dem die preisenden Inschriften für die königlichen Gebäude ersonnen und alle Lobgedichte auf den König geprüft und verbessert wurden, um dann durch die eigene Druckerei des Palastes dem Publikum übergeben zu werden. Aus diesem Komitee entstand die Akademie der Medaillen, Inschriften und schönen Wissenschaften — ein Titel, der genau ihrer ursprünglichen Bestimmung entspricht. Aber dieser Kreis von Lobspenden genügte nicht; man mußte in ganz Frankreich, in ganz Europa die Anregung zu dem großen Konzert von Lobsprüchen auf den „König Sonne" geben, man mußte sich zahlreiche „Trompeten der Tugenden des Königs" sichern. Das war die Ursache für die vielfachen Pensionen an Schriftsteller und Gelehrte, Pensionen, aus denen man fälschlich Ludwig XIV. ein hohes Verdienst hat machen wollen. Wie alle Dinge, so betrachtete er auch die Werke des Geistes nur in Beziehung auf seine eigene Persönlichkeit.[1])

[1]) Hellwald, Kulturgeschichte, Verlag P. Friesenhahn, Leipzig 1898, 4. Bd.

Napoleon Bonaparte nahm den Maler Jacques Louis David auf seinen Feldzügen mit, und auf diese Weise entstand auch das berühmte Bild „Napoleons Überschreitung des St. Bernhard" im Jahre 1800.

Alle diese Bilder und Plastiken wurden über Auftrag der Besteller in den Museen und anderen Festräumlichkeiten öffentlich aufgestellt, um ihre ständige Wirkung auf das Volk zu erzielen. In der zweiten Hälfte des 19. Jahrhunderts war es auch üblich, die Herrscherbilder in den Schulzimmern, Kasernen und Arbeitsräumen der Behörden aufzuhängen.

Abb. 151. **Briefmarken zum Zwecke der Personenreklame.**

Die Postmarken (s. Abb. 151) gaben ebenfalls ein reiches Feld für die Personenreklame. Ursprünglich trugen nämlich die Postmarken, wie es auch natürlich ist, in der Mitte die Wertziffer und in einer Bordüre den Namen. Beispielgebend ist hierfür die Postverwaltung des Grafen Thurn und Taxis, die bekanntlich in Deutschland die erste war. Auch die ersten Ausgaben der sächsischen Marken trugen im Jahre 1850 bloß die Wertziffer und erst im Jahre 1851 den Kopf des Herrschers, desgleichen wiesen die bayerischen Marken vom 1. November 1849 bis zum 1. Januar 1867 bloß die Wertzahl und erst von diesem Datum ab das Wappen des Herrschers auf; ebenso enthielten die württembergischen Marken ab 15. Oktober 1851 die Wertzahl und erst ab 22. September 1857 das Wappen. Die ersten englischen Marken vom Jahre 1840 trugen bereits das Bild der Königin Viktoria. Später wurde es bald in fast allen Staaten mit monarchischer Staatsform üblich, das Bild der

Briefmarken für Darstellungen feierlicher Gelegenheiten, wie Jubiläen, Hochzeiten usw. der Herrscher, zu verwenden.

Abb. 152. Münze Philipp II. von Makedonien, dessen Rennpferd in Olympia 350 v. Chr. gesiegt hatte.

Abb. 153. Münze mit Kaiser Justinian und dem Reichsapfel (527—565).

Abb. 154. Münze mit dem Bilde des Papstes Sixtus IV. (1471—1484).

Abb. 155. Kaiserin Maria Theresia auf einem Taler von 1780.

Abb. 156. Goldstück mit dem Bilde Napoleons III. 1853.

(H. Luckenbach, Kunst und Geschichte, R. Oldenbourg, München und Berlin.)

Dasselbe gilt auch für Münzen von den frühesten Zeiten bis in die Gegenwart (s. Abb. 152 bis 156). Interessant ist in diesem Zusammenhang die Abb. 157, weil sie zeigt, daß bereits im 16. Jh. Privatpersonen die Reklamewirkung der Bildnisdarstellungen auf Münzen richtig erkannt und auch für ihre Zwecke ausgenützt haben.

Abb. 157. Reklame für Private durch Münzen. (Goldene Medaille, welche der Zauberer Jeronimo Scotto mit seinem Bilde als Beweis der künstlichen Herstellung echten Goldes durch ihn im Jahre 1580 prägen ließ.)

c) Triumph-Ehrenpforten und Triumphzüge.

Eine besondere Art der dauernden Personenreklame für einzelne Leistungen bilden die von den Römern eingeführten Triumph- oder Ehrenpforten. Zahlreiche hiervon sind bis heute erhalten. Am bekanntesten ist die des Kaisers Titus Flavius aus dem Jahre 69 n. Chr. (vgl. Abb. 158). Berühmt sind ferner der Triumphbogen des Augustus zu Rimini, der für Kaiser Franz I. von Österreich anläßlich seiner Rückkehr aus Frankreich im Jahre 1814 errichtete Triumphbogen zu Wien sowie der Arc de triomphe du carrusel und de l'Etoile in Paris.

Barnum errichtete auch für die schwedische Sängerin Jenny Lind anläßlich ihrer Ankunft in New York am 1. September 1850 einen Triumphbogen, der allerdings nur eine kurze Bestandsdauer aufwies (s. Abb. 159).

Auch die Triumphzüge gehen auf römischen Ursprung zurück. Sie bestanden darin, daß der siegreiche Feldherr in einem prächtigen Triumphwagen, ähnlich der Prozession an-

Abb. 158. Triumphbogen für den römischen Kaiser Konstantin.

läßlich eines Götterfestes, mit seinem Heere und den Zeichen seines Sieges in Rom einzog. Aus der uns überlieferten naturgetreuen Beschreibung des Triumphzuges des Germanicus sei folgendes angeführt:

„Germanicus, der Neffe und Adoptivsohn des Kaisers, der Liebling des Volkes, soll seinen Triumph als Rächer im Germanenkriege feiern. Die reiche Stadt ist aufs prächtigste hierzu geschmückt und gerüstet. Im Festschmuck prangt die Via triumphalis, die Straße, über welche der Festzug zum Jupitertempel auf dem Kapitol zu gehen hat. Vom Marsfeld her, wo er sich vor der Stadt am Morgen gesammelt und geordnet hat, ist er durch die Porta triumphalis, dann durch den Circus Flaminius, den tarpeischen Felsen zur Linken lassend, an altehrwürdigen Heiligtümern vorbei, von einer dichtgedrängten Menge umjubelt, langsam herangekommen.

Fanfarenbläser, die tieftönenden Tuben hoch erhoben, eröffnen den Zug. Nun kommen zuerst Bilder des besiegten Landes und seiner Örtlichkeiten. Die Zuschauer ahnen die Unwirtlichkeit des rauhen Germanien mit seinen Urwäldern und Sümpfen; hochgetragene Tafeln und Schilder geben die Erklärung. Man sieht im Bild die unselige Stätte des Teutoburger Waldes und der Vergeltungsschlachten, dann die Statue des bärtigen, schilfbekränzten Rheins, umgeben von kleineren Gestalten, welche andere Flüsse darstellen. Die sonst üb-

Abb. 159. Triumphbogen anläßlich Jenny Linds Ankunft in Amerika. 1850.

lichen Städtebildnisse vertreten hier Nachbildungen von Hütten aus rohbehauenem Holze; Bilder von Göttern und Tempeln fehlen, denn die Germanen opfern den Göttern in heiligen Hainen ohne Bild und ohne Tempel.

Nun wird ein gewaltiger Baumriese herbeigeführt, zu einem Boote ausgehöhlt, das wohl 30 Mann fassen kann (Einbaum). Große Wachs- und Honigscheiben wilder Bienen, die als Leckerbissen geschätzten Rüben, Rettiche, wildes Obst, Hafer, Gerste sind die besten Produkte des Landes. Jetzt kommt der Hauptteil der Beute, die Waffen dieses kampffrohen Volkes, in Bündeln und Haufen vereinigt die germanische Nationalwaffe, die Framea, der kurze Speer, zu Stoß und Wurf gleich geeignet, die Pfeile mit Spitzen aus Horn, Schiefer, Geweih oder Knochen, die gewaltige Holzkeule und der zackige Streithammer, hier und da, aber selten, ein mächtiges, zweischneidiges Schlachtschwert.

Der Zug der Gefangenen naht, Männer, Weiber, Kinder aus den edelsten Geschlechtern in Sklavenketten. Bei Überfällen oder durch Vermittlung des römerfreundlichen Segestes sind sie in die Hände des Siegers gefallen. Stolz und des Hohnes der übermütigen Zuschauer nicht achtend, schreiten die Germanen einher. Welch gewaltige Gestalten! Alle sind sie weit höher als die Italiker. Die langen Haare und der Bart sind rot oder blond, die Augen blau oder grau, von blitzendem Feuer, sie sind in linnene Gewänder gekleidet, über die manchmal die Felle erbeuteter Tiere geworfen sind. Schwer mag man dem wilden Ansturme solcher Riesen, dem Furor Teutonicus (sprichw.) widerstehen!

Doch wer ist unter diesen edlen Germanen der ehrwürdige Greis? Es ist Libes, ein Priester und Sänger der Chatten. An der Seite hängt ihm stumm die Leier, mit deren Klang er einst den Sang von den Taten der Götter und Helden beim Gelage der Männer zu begleiten pflegte. Da verstummen plötzlich die schadenfrohen Rufe der Menge. Thusnelda, die Gemahlin des Arminius, des Vernichters der drei Legionen des Varus, naht als Gefangene. Hoch trägt sie das stolze Haupt, ihr Blick hat nur Verachtung. Ihre Leidensgefährtinnen, germanische Fürstentöchter, folgen schmerzgebeugt; in aufwallendem Zorn rüttelt mitunter eine an den entehrenden Fesseln und erwidert mit trotzigem Blick die drohenden Gebärden der Römerinnen.

Jetzt bricht ein Sturm des Unmutes los, als man den riesigen Deudorix sieht, den Fürstensohn der unbeugsamen und mordlustigen Sigambrer, die endlich doch zersprengt worden sind. Die Hände auf dem Rücken gebunden, blickt er noch kühn und herausfordernd voll Haß nach dem Kaiser und seinem Hofe.

Heil dem Sieger, Heil dem Rächer, Heil dem Triumphator Germanicus! Immer mächtiger schwellen die Wogen der Begeisterung an. Auf hohem, von vier weißen Rossen gezogenen Wagen naht in der purpurglänzenden Triumphatorentracht (Siegestracht der Götter!), das Haupt von dem Lorbeerkranze umwunden, umgeben von seinen fünf lieblichen Kindern, unter einem Blumenregen der glückliche Sieger, Cäsar Germanicus. Neben und hinter dem Triumphwagen reitet die Ehrenwache, die bedeutendsten

Führer des Heeres, die treuen Gefährten in Schlacht und Sieg, alle auf weißen Rossen. Prächtigen Anblick gewährt das große Gefolge der Legaten (Stabsoffiziere) in ihren goldglänzenden Rüstungen auf reich geschmückten Pferden. Nun folgen die tapferen Truppen, von den Centurionen (Hauptleuten) geführt. Hoch ragen die Legionsadler und die Zeichen der Kohorten; zwei wiedereroberte Adler der Legionen des Varus werden stürmisch begrüßt.

Großer Jubel empfängt die Abordnungen der acht rheinischen Legionen, besonders der vier niederrheinischen, bei denen viele Stadtrömer dienen. Die lorbeerbekränzten Krieger singen muntere Sieges- und Lobeslieder auf ihren Feldherrn, aber auch Spottlieder, in die das Volk lachend miteinstimmt. Hinter den Linientruppen rasseln dröhnend die Wurfmaschinen einher, die Katapulten und Ballisten. Den Schluß des Zuges endlich bilden die Hilfsvölker in ihren farbenreichen Nationaltrachten, Schleuderer von den Belarischen Inseln und von Kreta, Kohorten aus den neuerworbenen Provinzen Rhätien und Vindelicien, auch Germanen darunter, besonders Bataver vom Niederrhein, angestaunt von den Umstehenden, voll Staunen ihre Umgebung musternd.

Unter dem immer wieder erneuten Jubel der Menge, die bis zu den höchsten Sitzen hinauf die weite Rennbahn erfüllt, verläßt der Zug langsam den Circus maximus. Um den Palatin herum, auf dem aus dunklen Laubhecken der kaiserliche Palast hervorschimmert, wendet er sich nach Nordwesten auf die gut gepflasterte heilige Straße (via sacra)."

Im Hinblick auf die mit diesen Triumphzügen verbundenen Gefahren eines politischen Umsturzes gewährte der Senat die Bewilligungen hierzu immer seltener. So mußte der Feldherr Lucullus nach seinem Sieg über Mythradates (69 v. Chr.) 3 Jahre vor den Toren Roms mit seinem Heere auf die Bewilligung des Triumphzuges durch den Senat warten.

Im Mittelalter und in der Neuzeit wurden dieTriumphzüge durch Fest- und Huldigungszüge abgelöst. Berühmt ist in dieser Richtung die Defilierung der französischen Truppen vor Napoleon nach seiner Flucht von Elba und der Festzug anläßlich der silbernen Hochzeit des österreichischen Kaiserpaares im Jahre 1879, welcher von Hans Makart in unvergänglichen Werken der Malerei festgehalten wurde. Der Triumphzug wird gegenwärtig auch im Dienste der Reklame für sonstige Persönlichkeiten, insbesondere von Politikern benützt; er hat sich auch hierbei als überaus wirksames Reklamemittel erwiesen.

d) Herrscher- und Feldherrnnamen als Bezeichnung von Monaten, Städten sowie von Instituten für Kunst und Wissenschaft.

Um den Namen des Herrschers der Bevölkerung ins Gedächtnis zu prägen und dort ständig wachzuhalten, wurden einzelne Monate nach ihnen benannt und ihre privaten Feierlichkeiten als Festtage der Nation und somit als allgemeine Festtage der Bevölkerung erklärt.

Der römische Kaiser Augustus (42 v. Chr. bis 14 n. Chr.) ließ anläßlich der Kalenderreform 16 seiner persönlichen Gedenktage als Gemeindefeste (feriae publicae) erklären, während sie bis dahin gemäß den in Steinkalendern gefundenen Aufzeichnungen bloß als Tage privater Feiern vorgemerkt waren. Der 8. Monat des Jahres (August) wurde nach seinem Namen bezeichnet, während der 7. Monat (Juli) seine Benennung nach Julius Cäsar erhielt. Auch in den späteren Jahrhunderten hat sich bis in die neueste Zeit in den monarchischen Staaten die Gepflogenheit erhalten, daß die Feste der Landesfürsten (Geburtstage, Eheschließungen, Todestage) zu Feiertagen der Nation erklärt wurden, an denselben Ämter und Schulen geschlossen bleiben und die gewerblichen Arbeiten ruhen mußten.

Die Stadt Rom wurde nach dem ersten König der Römer Romulus benannt; welche Wichtigkeit man diesem Umstande beigemessen hat, zeigt sich darin, daß die beiden Brüder Romulus und Remus zur Entscheidung darüber, nach wessen Namen die Stadt benannt werden sollte, eine Vogelschau abhielten und anläßlich des über deren Ergebnis ausgebrochenen Streites Remus von seinem Bruder Romulus getötet wurde. Die Stadt St. Petersburg hatte ihren Namen von dem Gründer, Peter dem Großen (1703) erhalten. Der Name der im Jahre 1901 gestorbenen englischen Königin Viktoria findet sich in der Bennenung zahlreicher Landesteile und Städte der neu entdeckten Weltteile.

Später wurden auch Namen berühmter Männer in ähnlicher Weise verwendet, so z. B. der des Ing. Eiffel zur Benennung des Eiffelturmes. Auch zahlreiche humanitäre Stiftungen und Einrichtungen sowie wissenschaftliche und

Kunstinstitute, Schulen und Bibliotheken und Spitäler wurden nach Herrschern und in der neuesten Zeit auch nach verdienten Personen benannt, um für deren Sinnesart auf diese Weise ein ständiges Gedächtnis zu sichern.

e) Die anonyme Reklame.

Die anonyme Reklame, welche im Geschäftsverkehre eine relativ untergeordnete Stellung einnimmt, wird im Dienste der Personenreklame weitgehendst benützt. Zum Teil gehört ja auch die gesamte Reklame für Personen durch die Dichtkunst und Plastik in dieses Gebiet. Vielfach dienen jedoch auch literarische Arbeiten diesem Zwecke.

Um die Bevölkerung von den hervorragenden Eigenschaften der Fürsten zu überzeugen, werden für deren Tapferkeit, Frömmigkeit, Freigebigkeit, Gerechtigkeit, Güte, Milde u. dgl. zahlreiche Beweise teils konstruiert, teils stark aufgebauscht und in Form von Bildern, kurzen Erzählungen, Aufsätzen für Schulbüchern usw. ständig und systematisch verbreitet. Die Leistungen der Untergebenen, soweit sie erfolgreich sind, werden in der Regel als persönliche Werke der Herrscher, die Mißerfolge als Fehler der Berater dargestellt. Dadurch, daß jede Kritik als Majestätsbeleidigung (crimen laesae majestatis) bestraft wird, wird die Wirkung der Reklamen, welche hierdurch unbestritten und allgemein anerkannt erscheinen, vervielfacht.

III. Reklame für Künstler und andere Persönlichkeiten.

Der Zweck der Reklame für Künstler und andere Persönlichkeiten liegt darin, die Kreise der Nichtfachleute, d. i. also die der Laien, zu erfassen, da begreiflicherweise die Fachkreise sehr leicht in der Lage sind, den wirklichen Wert einer Leistung zu beurteilen; die Laienkreise sind jedoch in der Regel die für den materiellen Erfolg entscheidenden. Dieses Kapitel befaßt sich daher ausschließlich mit der Einwirkung auf das Urteil des Laienpublikums im Dienste der Personenreklame. Wie groß der praktische Wert eines richtigen Vorgehens in dieser Hinsicht ist, ist übrigens aus dem allgemein bekannten Umstande verständlich, daß sich oft die hervorragendsten, in Fachkreisen unumstritten anerkannten Persönlichkeiten in der breiten Öffentlichkeit nicht durchzusetzen in der Lage sind, dagegen vielfach Dilettanten und Charlatane eine mit ihren Fähigkeiten in keinem Verhältnis stehende Berühmtheit und Einkommensquelle besitzen. Die zur Erreichung dieses Zieles verwendeten Reklamemethoden müssen also solche sein, welche auf die breite, fachlich nicht informierte Masse wirken. Die in Betracht kommenden Mittel zerfallen in folgende Gruppen.

a) Orden und Titel.

Da, wie bereits gesagt, die große Masse in allen Fragen kein fachliches Urteil besitzt und besitzen kann, so muß ihr zur Erzielung des Reklameerfolges ein solches imputiert werden. Ein Weg hierzu sind Orden und Titel, welche als Zeichen der Anerkennung für Verdienste von angeblich fachlich autoritativer Seite (Referenzreklame s. S. 170) verliehen werden.

Die Orden kamen zuerst zur Zeit der Römer in Anwendung. Es wurden Hals- und Armketten aus Gold und Silber sowie Medaillons von Gold und Silberblech oder Bronze, die, mit Reliefs verziert, an Riemen über der Brust getragen wurden, verliehen. Unter die Auszeichnungen gehörten ferner die hasta pura, eine Lanze ohne Spitze, ferner Kränze und Kronen. Von L. Siccius Dentatus, welcher in der ersten Hälfte des fünften Jahrhunderts v. Chr. lebte, wird berichtet, daß er in 120 Gefechten 22 hastae purae, 25 Medaillons, 83 Halsketten, 160 Armketten, 26 Kränze und Kronen und andere Auszeichnungen erhalten habe. Seit Septimius Severus, um 200 n. Chr., wurden die Medaillons durch förmliche an einem Bande getragene Medaillen ersetzt; hiermit waren also die eigentlichen Orden endgültig erfunden.

Neu erweckt wurde diese Einrichtung durch die im 13. und 14. Jahrhundert gegründeten weltlichen Ritterorden, deren Mitglieder auch besondere Insignien trugen; der Name Orden ging dann von den Körperschaften auf die Insignien über. Die Eitelkeit und die Eifersucht bewirkten es, daß ganze Systeme und Unterscheidungen von Graden sowohl bei den Orden als auch deren Bändern und Ketten erfunden und sogenannte Miniaturorden im Knopfloch und an Kettchen selbst bei den unbedeutendsten Gelegenheiten getragen werden (s. Abb. 160).

Abb. 160. Der Herr Kommerzialrat
vor seiner Dekoration — nach seiner Dekoration
(Fliegende Blätter, Braun & Schneider, München, Jhrg. 1884, Band 81, S. 173.)

Berüchtigt unter den unzivilisierten Völkern ist die Trophäengier der Dajaken Borneos. Sie setzen alles daran, um sich den Ruf eines gefürchteten Kopfjägers zu erwerben. Hat der Dajake einen Feindeskopf in sein Haus gebracht, so wird ein großes Fest bereitet, der Sieger darf eine Trophäe vor seinem Hause aufrichten und eine Schwanzfeder des Vogels Angang auf dem Kopfe tragen. Die Zahl dieser Schwanzfedern zeigt die Zahl der erbeuteten Köpfe an. Diese Federn entsprechen vollkommen unseren Orden, sie sind ein Sinnbild der erworbenen Triumphe.

Zu ganz denselben Einführungen sind auch die Indianer Nordamerikas gekommen; das ständige Mittragen der Masse der erbeuteten Skalpe wurde den ausgezeichneten Kriegern hinderlich und sie suchten ihre Triumphe gleichfalls auf einfachere Weise, durch sogenannte „Ehrenfedern“ zu veranschaulichen. Genau in der gleichen Weise, wie sich im modernen Militärstande die verschiedenen Chargen und Auszeichnungen durch schmale und breite Streifen und Litzen, durch silberne und goldene Tressen und Knöpfe, durch mehr oder weniger kostbare Federbüsche u. dgl. charakterisieren, genau in derselben Weise ist bei diesen Indianern nach Maßgabe ihrer Taten einem jeden Krieger bestimmt, welche Art von Federn, wieviele, von welcher Form und Färbung er als Auszeichnung für seine Heldentaten zur Schau tragen darf.

Abb. 161. Maßnahme gegen die Personenreklame.
(Die Gleichheit: Flugblatt aus der franz. Revolution, welches die Wegnahme der Orden durch die Revolutionäre darstellt, 1792.)

Das Streben nach diesen äußeren Qualitätsbezeichnungen hat weder in Frankreich zufolge der Revolution noch in den Ländern der Mittelmächte nach den politischen Umwälzungen durch den großen Weltkrieg nachgelassen. Mit Rücksicht auf die Wirkungen, welche diese Auszeichnungen hervorbringen, sind jedoch die auf ihre Erlangung gerichteten Bestrebungen deshalb nicht gering zu schätzen, weil selbst Menschen, die die mit der Auszeichnungsverleihung vielfach verbundenen Umstände kennen sollten, sich durch die Tatsache des Besitzes der Auszeichnung allein doch zu einem günstigen Vorurteil für dekorierte Personen veranlaßt sehen. So schreibt der berühmte Afrikaforscher Henry M. Stanley in seinem Werke „Im dunkelsten Afrika" (F. A. Brockhaus, Leipzig, 1890) anläßlich des Berichtes über die Auswahl der Offiziere für den Stab seiner Expedition: „Der Herr (William Bonny) wollte eine Abweisung nicht annehmen. Seine Brust war mit Medaillen geschmückt, die, wenn auch stumm, doch in sehr beredter Weise für seine Verdienste sprachen. Das Ende war, daß wir Herrn Bonny als Arzt engagierten." Daß die französische Revolution die durch die Orden verursachte Ungleichheit richtig erkannt hat, zeigt Abb. 161, welche ihre Abschaffung und die damit verbundene Beseitigung ihrer Vorteile für die Träger darstellt.

Ebenso wie die Orden bereits eine Einrichtung der Römer waren, geht auch das Titelwesen in die Antike zurück. Es ist bekannt, daß selbst leere, weder mit einer Funktion, noch mit einem Einkommen verbundene Titel schon damals eifrigst gesucht und mit hohen Taxen bezahlt wurden. Ein solcher eifrig begehrter Titel war der „Vir perfectissimus", „sehr vollkommener" oder „vortrefflicher Mann"; im Mittelalter war für die Doktoren der Medizin bis ins 19. Jahrhundert der Titel „Vir celebrissimus", „sehr berühmter Mann", üblich. Vornehmlich den Bürgern des 17. und 18. Jahrhunderts lag ungemein viel an der richtigen Würdigung ihrer Rangstufen und Titel. Die Ratsherren wurden „hochedel", „wohledel", „hochweise" und „hochwohlgeboren" tituliert. Man nannte sie auch „Magnifici", „Amplissimi", „hochgelehrte und großgünstigste Herren". Man füllte ganze Bücher mit Titulaturen, mit denen sich die Leute, die etwas zu bedeuten hatten oder etwas bedeuten wollten, schmückten oder schmücken ließen. Die Reichskanzlei war stets bereitwillig, solche Titel gegen gute Sporteln zu erteilen. Sehr häufig kam es zu Rangstreitigkeiten unter den Doktoren verschiedener Fakultäten, und freie Städte ärgerten gerne die Fürsten, indem sie in Briefen die Titulaturen derselben wegließen.

Der Adelstitel war besonders in den Staaten der seinerzeitigen Mittelmächte überaus begehrt; um selbst nur den untersten Grad zu erlangen und dadurch schon bei Abgeben der Visitkarte als „Person von Ansehen" zu gelten, wurden oft

Millionen Goldkronen entweder für Wohlfahrtszwecke oder als Bestechungsgelder für Wahlen usw. geopfert.

Der Titel „Kommerzialrat" ist auch derzeit von Kaufleuten z. B. in Deutschland und Österreich deshalb so heiß begehrt, weil er in diesen Kreisen als bereits obrigkeitlich erfolgte Zensur der Seriösität und Kreditwürdigkeit (Referenzreklame!) gilt. Für die Allgemeinheit ist der Titel Kommerzialrat mit Großkaufmann gleichbedeutend und seine Nennung in Verbindung mit einem Namen gibt diesem ohne Rücksicht auf die Person des Trägers schon ein gewisses Ansehen.

Um den Titel Präsident oder Vizepräsident zu erlangen, werden unzählige, großenteils überflüssige und jeden sonstigen Zweck entbehrende Verein gegründet, und zwar in der richtigen Erwägung, daß der Zauber des Titels nicht durch die indiskrete Frage „wovon" enthüllt wird.

b) Hervorragende menschliche Eigenschaften.

Als weiteres Mittel, die öffentliche Sympathie und das allgemeine Ansehen zu erringen, gilt der Besitz besonders lobenswerter menschlicher Eigenschaften, wenn dieselben auch mit der betreffenden Kunst oder Fähigkeit direkt gar nichts zu tun haben. Dieser Weg wurde von dem Zirkusdirektor Barnum anläßlich seines Reklamefeldzuges für die schwedische Sängerin Jenny Lind verwendet und man kann ermessen, für wie aussichtsreich er denselben hielt, wenn er damit rechnete, durch ihn allein ihr gesamtes Honorar von 150000 Dollar sowie die Kosten ihres luxuriösen, 18monatigen Aufenthaltes in Amerika hereinzubringen. Den Anfang dieser Art von Reklame bildete folgende, in die New Yorker Zeitungen vom 22. Februar 1850 eingeschaltete Notiz:

„Die Charakterzüge der „schwedischen Nachtigall" werden bestimmt durch die Tugenden der Wohltätigkeit, der Einfachheit und der Herzensgüte. Miß Lind selbst hegt den sehnlichsten Wunsch, Amerika zu besuchen. Sie spricht von unserem Lande und seinen Einrichtungen in Ausdrücken höchster Bewunderung. Der Kontrakt, den ich mit ihr abgeschlossen habe und der auch ihr Auftreten in Havanna umschließt, gesteht ihr ausdrücklich das Recht zu, Konzerte zu Wohltätigkeitszwecken zu veranstalten, so oft sie das für gut findet. Seit ihrem ersten Auftreten in England hat sie den Notleidenden aus eigener Tasche schon mehr gegeben, als die ganze Summe ausmacht, die ich ihr zu bezahlen habe, und der Ertrag der Konzerte für charitative Aufgaben, die sie in Großbritannien gab, war zehnmal so hoch wie die finanziellen Verpflichtungen, die ich einging."

Die Tatsache, daß Barnum seine ganze Hoffnung auf den glücklichen Erfolg dieser Reklamemethode setzte, wird auch durch folgendes, zwischen ihm und Jenny Lind stattgehabte Gespräch bewiesen:

Jenny Lind: „Wie können Sie es denn wagen, so viel Geld mit mir zu riskieren, da Sie mich doch nie haben singen hören?" Ich: „Ihr Ruf genügt mir." Im übrigen gestand ich, daß ich auch auf ihre Charaktereigenschaften und auf den öffentlichen Eindruck ihrer Mildherzigkeit baute. Ohne diesen Aktivposten hätte ich nicht daran gehen mögen, die schwedische Nachtigall nach den Vereinigten Staaten zu bringen. Ich war überzeugt davon, daß Ungezählte ihre Konzerte vor allem deshalb besuchen würden, weil sie die Persönlichkeit zu Gesicht zu bekommen wünschten, der der Ruhm grenzenloser Güte vorausging.

c) Die sensationelle Reklame.

Die Bedeutung der Sensation für die Personenreklame ist unabschätzbar. Sie bringt den Betreffenden in das Zentrum des öffentlichen Interesses, in den Mittelpunkt des Gespräches und damit zu einer Berühmtheit, die, da das Publikum sich nie die Mühe nimmt, die Quellen und Ursachen der Berühmtheit zu unterscheiden, letzten Endes auf ihre Kunst übertragen wird. Über die Art, durch Sensation Reklame zu erregen, gibt der „Leitfaden der Reklame (Karl Gerolds Sohn, Wien, 1887)" folgenden Rat:

„Die russische Fürstin, die dem Helden und Liebhaber von Stadt zu Stadt nachreist, sich schließlich vergiftet oder von ihrem Gatten nach Sibirien gebracht wird, das unschuldige Mädchen, das die Liebe des Tenors nicht erlangen konnte und sich in ein Kloster zurückzieht, der Brasilianer, welcher der Soubrette oder der Tragödin seine Millionen zu Füßen legt, von ihr aber abgewiesen wird und in seiner Heimat eine reich dotierte milde Stiftung unter ihrem angebeteten Namen gründet, der Gastspielantrag nach Amerika, der Streit mit dem Direktor, das aus einer allgemeinen Sammlung hervorgegangene, von den Bürgern einer Stadt überreichte Ehrengeschenk, das Gerücht, daß man Ursache eines Duells sei, der gestohlene Schmuck, das versuchte Attentat, die geplante Entführung, die in Aussicht stehende Erbschaft, die Verlobungsanzeige und der Widerruf derselben, die Alimentationsklage, wiederholte heimliche Mutterfreuden, schmeichelhafte fürstliche Aussprachen, das Dilettieren in allen möglichen Künsten usw. sind wirksame Mittel, um Sensation zu erregen und damit für sich Reklame zu machen. Nebenbei unterlasse man es nicht, den Komitees sämtlicher Wohltätigkeitsveranstaltungen seine unentgeltliche Mitwirkung anzubieten, um dem Publikum, das von dem Anerbieten nichts weiß, den Glauben beizubringen, daß der Künstler bestürmt wurde, weil sein Name bereits Zugkraft ausübt."

Der Spanier Pablo Piasso, der Schöpfer der kubistischen Malweise, suchte die große Erscheinungswelt in geometrische Figuren zu zerlegen. Nach dem Handbuch der Kunstgeschichte von Adolf Rosenberg (Verlag Velhagen & Klasing 1921) hatte diese Methode nur den Zweck, sich durch irgendeine Tollheit bekannt zu machen.

In diesem Zusammenhange ist noch die Methode eines Sonderlings, des Kanzlisten Kyselak, zu erwähnen, welcher um jeden Preis seinen Namen berühmt wissen wollte. Über ihn wird folgendes erzählt:

„Kyselak, ein ebenso tüchtiger Alpinist wie eitler Mensch, schrieb seinen Namen, um ihn jedem Naturfreund vertraut zu machen, auf die schroffsten und unnahbarsten Felswände. Mit gleichmäßigen, großen sieben Buchstaben stand er in schwarzer Farbe hingeschrieben: „KYSELAK", und immer eine Jahreszahl darunter. Glaubte ein Tourist, als erster eine Spitze erklommen zu haben, war er enttäuscht, hoch oben angeschrieben zu finden: „KYSELAK"! Der Mann war überall gewesen, und allüberall hatte er seinen Namen hingeschrieben. Er war darüber zur mythischen, zur phantastischen Figur geworden. Sein Zweck auf dieser Erde bestand nur darin, eben diese Erde, wo es nur immer anging, mit seinem Namen zu bekritzeln und so sehr berühmt zu werden.

Als in Wien eine neue Brücke über den Donaukanal geschlagen wurde, wollte der Ingenieur sein Werk nicht mit den ominösen sieben Buchstaben bekleckst wissen und ordnete die schärfste Bewachung des Objektes an. Aber als ein Schiffer unter der Brücke noch vor dem Eröffnungstage durchfuhr, las er schon auf dem inneren Brückenbogen, groß und schwarz hingemalt: „KYSELAK".

Kaiser Franz, der von dem allmählich immer lästiger werdenden Treiben Kyselaks gehört hatte und besonders deshalb auf den Sonderling erbost war, weil er Registraturakzessist der Hofkammer war, ließ ihn kommen, um ihm nach seiner gemütlich-tyrannischen Art einmal ordentlich die Leviten zu lesen. Der Kaiser las die Leviten, aber nach beendeter Audienz stand auch auf der Rückwand des kaiserlichen Schreibtisches: „KYSELAK".

d) Die unterirdische Reklame.

Um plötzlich als allgemein anerkannte Autorität auf diesem oder jenem Gebiete zu gelten, ist es als altbewährtes

Mittel erkannt worden, diese Geltung zu fingieren, d. h. der Allgemeinheit als bereits bestehend zu suggerieren. Als Methoden hierfür gibt das bereits genannte Büchlein „Leitfaden der Reklame" folgende an:

„Man läßt sich wöchentlich einmal interviewen, von neidlosen Kollegen Briefe schreiben, welche Worte der rückhaltslosen Bewunderung der letzten Leistung enthalten, erklärt in jedem Jahr, mit Schluß desselben sich zurückziehen zu wollen, man entdeckt junge Talente, natürlich auf anderem Gebiet, man errichtet mit fremdem Geld Stiftungen, denen man bescheiden den eigenen Namen gibt, man läßt sich wöchentlich einmal photographieren, führt neue Moden ein, läßt die Einrichtung seiner Zimmer beschreiben, speist Arme in den Volksküchen, verteilt in den Spitälern Zigarren an die Soldaten, macht alle neuen extravaganten Kuren mit, bringt geflügelte Worte eigener Erzeugung und Anekdoten in Umlauf, in denen man die dankbare Hauptrolle spielt, hält Begrüßungs- und Abschiedsreden, erläßt Manifeste, in welchen man das Publikum „Meine lieben Wiener, Berliner" usw. anspricht, sendet zu jedem Jubiläum und zu jedem Begräbnisse einen Lorbeerkranz mit umständlicher Widmung, legt andere aus dauerhaften Stoffen gemachte Kränze, auf deren einzelnen Blättern der Name und die Hauptrollen des Spenders angegeben sind, auf die Gräber der Dichterfürsten, der Komponisten, verrichtet Gebete an den angeblichen Grabstätten Romeo und Julias, Hamlets usw., greift zur Feder und erzählt in Wochenblättern und illustrierten Journalen sorgfältig präparierte, interessante Erlebnisse, verbreitet das Gerücht, daß man sich mit der Abfassung seiner Memoiren beschäftige, läßt erzählen, welches Amulet man trage, daß man die Gewohnheit habe, vor dem jedesmaligen Auftreten dreimal das Zeichen des Kreuzes zu machen oder ein Glas Champagner zu trinken, oder das Bild der Mutter zu küssen und läßt endlich in allen Fragen, die auf der Tagesordnung stehen, seine Stimme vernehmen."

Eine besondere Art der unterirdischen Reklame ist auch die Claque. Über die Claque der Wiener Hofoper gegen Ende des 19. Jh. machte das Wiener „Fremdenblatt" folgende Angaben: „Das Solopersonal der Hofoper setzt sich aus 15 Sängerinnen, 18 Sängern und 10 Mitgliedern des Balletts zusammen; je nach ihren Gagen zahlen diese 43 Mitglieder dem Claqueur monatliche Beiträge von 5 bis 50 fl. Wenn man als Durchschnittsziffer per Kopf 20 fl. annimmt, was der Tatsache entsprechen dürfte, so bezieht der Chef der Claque ein monatliches Einkommen von über 800 fl., das macht im Jahre 10000 fl. aus."

D. DIE WAHLREKLAME.

I. Allgemeines.

Die Wahlreklame bildet ein Zwischending zwischen der Personen- und Ideenreklame. Schon in frühen Zeiten bedeutete die Wahl einer bestimmten Person gleichzeitig die Entscheidung für ein bestimmtes Programm. Die Wahl des Themistokles zum Feldherrn beinhaltete gleichzeitig die Entscheidung über die Gründung der Seemacht Athens und den Ausbau der Flotte, die Niederlage des Aristides bedeutete den Verzicht darauf, Athen ausschließlich durch das Landheer zu schützen.

Im Mittelalter und in den ersten Jahrhunderten der Neuzeit konnte sich eine regelrechte Wahlreklame wegen der absolutistischen Regierungsart nicht entwickeln. Für die Wahl der kirchlichen Würdenträger oder der deutschen Kaiser durch die Kurfürsten war wegen des beschränkten Wählerkreises eine Reklame begreiflicherweise nicht notwendig. Nach Einführung der Konstitution in den meisten Staaten im 19. Jahrhundert setzte bald eine durchgreifende Wahlreklame ein. Um eine entsprechende Wirkung der Reklame zu erzielen, und ihr auf alle Bevölkerungsschichten überzeugende Wirkung zu verleihen, werden fast alle Mittel der Geschäftsreklame verwendet.

Im nachstehenden werden, um Wiederholungen zu ver meiden, lediglich diejenigen Mittel der Wahlreklame bzw. deren Formen näher besprochen, welche ausschließlich Wahlzwecken angepaßt sind.

II. Das lebende Wort.

Die Reklame durch das lebende Wort ist uns aus der Geschäftsreklame bereits in Form der Ausrufer bekannt. Eine ganz andere Bedeutung hat dieses jedoch für die Wahlreklame. Hier obliegt die Redneraufgabe in der Regel den sozial hochstehenden und angesehenen Persönlichkeiten, bei denen im Gegensatz zu den Ausrufern u. dgl. auch der Schein einer entgeltlichen Tätigkeit von vornherein vermieden ist. Die berühmten Redner der Antike Aristides, Demosthenes und Cicero sprachen einerseits persönlich für die von ihnen zur Durchsetzung in Aussicht genommenen Wahlprogramme und ließen anderseits sowohl ihre Wahl als auch ihre Programme durch die Redekunst ihrer Freunde, Schüler und Anhänger empfehlen. Welche große Bedeutung das antike Staatswesen dem gesprochenen Worte in der Politik zuwies, ist am besten durch den aus öffentlichen Mitteln erfolgten Bau der Rednerbühnen auf den Marktplätzen (Forum-Agora) ersichtlich. Zur leichteren Bearbeitung großer Territorien ist die Wahlreklame in der Regel in der Form dezentralisiert, daß im ganzen Gebiete Wahlkomitees und Wahllokale verstreut sind.

III. Das geschriebene Wort.

Schon im Hinblick auf den Mangel der Behelfe konzentrierte sich im Altertum die Wahlagitation in erster Linie auf die Versammlungen, also das gesprochene Wort. Das Auslangen damit war auch deshalb damals leichter möglich, weil die zu vertretenden Gedanken doch relativ einfachere waren, wie z. B. die Frage, ob, wie früher erwähnt, die Land- oder Seemacht Athens ausgebaut werden solle, ob die Bodenreform in Rom durchzuführen, ob Karthago zu zerstören wäre usw. Im übrigen handelte es sich darum, vornehmlich nachzuweisen, daß die Kandidaten vorbildliche, kluge, rechtschaffene und uneigennützige Bürger wären.

Über ganz andere Probleme hatte sich die Wählerschaft im 19. Jahrhundert und später zu entscheiden. Hier mußte sie bereits zu großen Systemen, z. B. dem Liberalismus, Sozialismus und später auch Kommunismus Stellung nehmen, Systeme, die sich mit jeder einzelnen Tagesfrage von anderen Gesichtspunkten aus befassen. Hier wäre es unmöglich, durch das gesprochene Wort allein die Wähler von der Richtigkeit des Standpunktes der einen oder anderen Partei zu jeder einzelnen Frage zu überzeugen, wenn auch die mündliche Propaganda und die Anzahl der Versammlungen vervielfacht wurde. Das Flugblatt und die in Hunderttausenden Exemplaren verbreiteten Kampfbroschüren sowie das politische Plakat machen erst die technische Durchführung der modernen Wahlreklame möglich.

Bereits aus Pompeji (Verschüttung 79 n. Chr.) sind uns Maueraufschriften (s. Abb. 40) im Dienste der Wahlreklame bekannt. Sie betreffen vornehmlich Wahlempfehlungen zu den städtischen Ämtern und sind an Alben, Wänden, Türpfosten und Ladentischen aufgeschrieben; diese Wahlempfehlungen gehen bald von einer, bald von mehreren Personen, bald von Gewerken, Zünften und Korporationen aus; ihre einfachste Formel ist die, daß die Namen des oder der Empfohlenen und das Amt, zu dem man sie gewählt wünscht, vorangestellt und nach dem O. V. F. (oro, ut faciatis = um Befolgung wird gebeten) der Name des Empfehlenden beigefügt wird. Zuweilen nennt sich der Empfehlende, wenn er eine bekannte Persönlichkeit ist, mit einem gewissen Nachdruck, indem er anfügt: Der und der hat dies geschrieben, z. B. „Issus scripsit", in einer Empfehlung des M. Cerrinius Vatia zur Ädilität; sehr oft wird aber auch der Name des Schreibenden weggelassen, so daß die Inschrift wesentlich nur den Zweck haben kann, die vorübergehenden Bürger auf den Empfohlenen aufmerksam zu machen. So steht z. B. an einem Ladenpfeiler der Front des Hauses des Lucretius: GN. HELVIUM, SABINUM AED. O. V. F., d. h. Gnaeum Helvium Sabium aedilem oro ut faciatis, während ebenso häufig dem Namen des Vorgeschlagenen allerlei ehrende und empfehlende Beiwörter hinzugefügt sind, als v. b. (virum bonum), b. c. (bonum civem), d. r. p. (dignum rei publicae) u. a.

Das Musterbeispiel der modernen Wahlreklame durch das geschriebene Wort bildete die anläßlich der letzten englischen Unterhauswahlen im Jahre 1924 durchgeführte Reklame. Die kandidierenden großen Parteien, das waren die Konservativen, die Liberalen und die Arbeiterpartei, gaben zu jeder einzelnen der wichtigen, aktuellen Fragen, wie Wohnungswesen, Versorgung der Invaliden und Arbeitsunfähigen sowie deren Hinterbliebenen, Arbeitslosenfürsorge, System der Handelspolitik, Imperialismus oder Pazifismus usw. besondere Flugschriften und Broschüren heraus, in denen sie einerseits ihren eigenen Standpunkt darlegten und anderseits die Fehlerhaftigkeit der Stellungnahme der übrigen wahlwerbenden Parteien zu diesen Fragen nachzuweisen versuchten. Ebenso wie die Flugschriften standen auch die Plakate (s. Abb. 162 bis 163) im Zeichen der aktuellen, die Bevölkerung beschäftigenden Probleme.

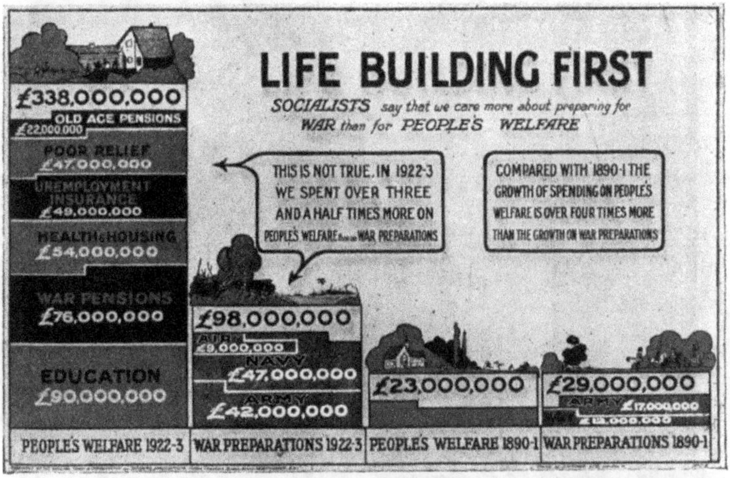

Abb. 162. **Wahlplakat der konservativen Partei.**
(England 1925.)

Der künstlerischen Ausführung der politischen Plakate kam die um ca. 1910 in der Malerei neu hervorgetretene Richtung des Expressionismus zugute. Der Expressionismus beschäftigt sich mit der bildlichen Darstellung von Begriffen (z. B. Not, Hunger, Ausbeutung) oder mit der Darstellung subjektiver Gefühle wie patriotische Begeisterung, Verzweiflung über Arbeitslosigkeit u. dgl.; diese Richtung in der Malerei ermöglichte eigentlich erst den Aufschwung des modernen, politischen Plakates, da sie die Frage der bildlichen Darstellung der die Bevölkerung in erster Linie bewegenden, sozialen Ideen und Fragen löste.

IV. Die Wahlbestechung.

Eine Analogie zu der Wahlbestechung finden wir in der Geschäftszwecken dienenden Geschenkreklame. Auf diesem

Abb. 163. Wahlplakat der konservativen Partei (symbolische Wiedergabe der Parteistellung zur imperialistischen Politik).

Gebiete sind ebenso wie auf vielen anderen Gebieten die Römer beispielgebend gewesen. Die Forderung des römischen Proletariats „panem et circenses" = Getreidespenden und Zirkusspiele, hat die Wahlreklame der ersten Jahrhunderte vor und nach Christi Geburt nahezu vollkommen beherrscht.

Die Kandidaten für die Stadthalterämter in den Provinzen belieferten das als Wähler in Betracht kommende Proletariat Roms während ihrer Amtszeit entweder unentgeltlich oder tief unter dem Marktpreise mit Getreide, ferner veranstalteten sie in den Zirkusen für die Wählerschaft unentgeltliche Tierhetzen, Fechterkämpfe, Wagenrennen u. dgl., um die Wähler so zu veranlassen, sie auch für die nächste Wahlperiode zu wählen, damit die Wählerschaft dieser Begünstigungen auch in Zukunft nicht verlustig werde. Einzelne dieser Kandidaten hielten sich sogar Fechterkasernen, in denen Hunderte von Fechterpaaren ausgebildet wurden. Die Kosten hierfür wurden durch gewissenlose Erpressungen und Aussaugung der Provinzialbevölkerung während der Amtszeit hereingebracht. Der römische Kaiser Caligula (37 bis 41 n. Chr.) ließ, um sich die Beliebtheit des Volkes zu sichern, vor der julischen Basilika Goldstücke unter das Volk werfen; bei dem aus diesem Anlasse entstehenden Gedränge sollen 300 Personen umgekommen sein.

Die modernen Wahlsysteme haben in der Regel strenge Strafen für den Fall der Wahlbestechung vorgesehen. Trotzdem findet vielfach eine Wahlbeeinflussung in versteckter Form statt. So pflegt die herrschende Partei vor den Wahlen den im öffentlichen Dienst und in öffentlichen Betrieben Angestellten und Arbeitern Beförderungen oder sonstige Zuwendungen zu bewilligen, um sie für die Wiederwahl günstig zu stimmen. Die Bedeutung der Wahlbestechung der Gegenwart hat jedoch gegenüber der des Altertums wesentlich abgenommen und es kann ihr eine entscheidende Rolle im Wahlkampfe nicht mehr zugebilligt werden.

V. Sonstige Wahlreklamen.

Viele sonstige Mittel der Geschäftsreklame stehen mit relativ geringen Abänderungen im Dienste der Wahlreklame.

Abb. 164. Englische Wahlreklame um 1860.

Abb. 165. Reklame für die Wahl Hindenburgs zum Präsidenten des Deutschen Reiches, 1925.

(Seidel's Reklame 1925.)

Sehr beliebt sind Reklamewagen (s. Abb. 164 u. 165 analog der Abb. 112), Wahlumzüge, Lichtbildreklamen, Verbreitungen von Wahlreden durch das Radio, Reklameaufbauten usw. Der wesentliche Unterschied auch dieser Reklamemittel von den gleichen im geschäftlichen Dienste verwendeten liegt darin, daß die Wahlreklame nur auf ganz wenige Tage beschränkt ist und daher die Mittel im Gegensatze zu der stabilen Geschäftsreklame nur improvisiert sind.

E. DIE IDEENREKLAME.

I. Allgemeines.

Wird die Bezeichnung „Personenreklame" für die Werbung im Interesse einer bestimmten Persönlichkeit, wie bereits dargelegt, schon vielfach abgelehnt, so wird die Verwendung des Wortes „Ideenreklame" für die Werbung im Dienste einer bestimmten Idee in der Regel schon gar nicht gerne gesehen. Der Grund hierfür liegt teilweise in der in einzelnen Kreisen noch immer bestehenden Abneigung und in dem Vorurteil gegen die Reklame als solche, zum Teil in der Ansicht, daß eine gute Sache die Reklame überhaupt nicht benötigt und daher durch die Verwendung von Reklame diskreditiert werde sowie schließlich darin, daß der Organisator einer Reklame zumindest dem Anschein von Gewinnsucht ausgesetzt ist.

Aber ebenso wie die beste Ware nur dann gekauft wird, wenn der Käufer von ihrer Existenz Kenntnis hat, so kann auch die beste Idee — sei es eine religiöse, nationale oder soziale — nur dann Anhänger finden, wenn sie verbreitet und für sie geworben wird. Die Wissenschaft, welche sich bei ihrer Forschung selbstverständlich von derartigen gefühlsmäßigen Vorurteilen freimachen muß, betrachtet auch die Reklame für eine Idee als etwas unerläßlich Notwendiges und von ihrer Verbreitung Unlösbares.

Dr. E. Lysinski, der die Reklame als übergeordneten Begriff von Werbung betrachtet, hebt in seinem Werke „Organisation der Reklame" ausdrücklich hervor, daß man zumeist Werbung und geschäftliche Werbung gleichsetze. Dies sei jedoch eine sehr engherzige Auffassung, denn die geschäftliche Werbung sei nur ein ganz beschränktes Teilgebiet der Werbung überhaupt. Die Werbung sei ihrer Bedeutung nach ein unerläßliches Grundphänomen alles Gesellschafts- und Kulturlebens; sie sei eines der wichtigsten Mittel alles Gesellschafts- und Kulturfortschrittes. Diese Auffassung schließt sich dem Prof. Dr. Othmar Spann an. In seinem „Kurzgefaßten System der Gesellschaftslehre" erläutert er die grundlegende, soziologische Bedeutung der Werbung wie folgt:

„Die letzten Bestandteile, die Elemente, aus denen sich das Gesellschaftsleben aufbaut, sind die seelischen Erlebnisse und die Handlungen der Menschen. Jedem dieser Elemente entspricht eine besondere Art der Verbindung zu den Grundgebilden des Gesellschaftslebens. Aus dem gegenseitigen Nacherleben entspringen, als eine Art seelisch-geistiger Gemeinsamkeit, die Gemeinschaften. Aus der Verbindung des Handelns mehrerer dagegen gehen die Gemeinschaften des Handelns, die Genossenschaften, hervor. (Gemeinschaften und Genossenschaften sind somit in der Begriffssprache des Verfassers die Grundgebilde, aus denen sich das menschliche Gesellschaftsleben aufbaut.) Diese Grundgebilde des menschlichen Gesellschaftslebens, die Gemeinschaften und Genossenschaften, zeigen nun zunächst die größten Verschiedenheiten und Gegensätze. „Die geistigen Gemeinschaften zeigen in den Gegensätzen religiöser Bekenntnisse, künstlerischer Richtungen, Schulen und Meinungen, in den Verschiedenheiten der Begabung, des Charakters, der Bildung und Erziehung die größten Abweichungen voneinander, so daß demgemäß auch das von diesem allem abhängige Handeln gewaltig auseinanderstreben und sich feindlich begegnen müßte. In der Wirtschaft, in der gruppenweisen Verfolgung ganz verschiedener Ziele, durch Bündnisse in der Politik müßten unaufhörlich chaotische Zustände hervortreten und die einheitliche Zusammenfassung aller Genossenschaften und Anstalten im Staate, aller Gemeinschaften in Nation und Kultur unmöglich machen." Kurz, die menschliche Gesellschaft müßte in ein Chaos auseinanderfallen und wäre als Ganzes und Einheit überhaupt unmöglich, wenn es nicht Ausgleichs- und Vereinheitlichungsvorgänge in der Gesellschaft gäbe."

Einer der wichtigsten dieser Ausgleichs- und Vereinheitlichungsvorgänge ist nun die Werbung. Denn die Werbung ist darauf gerichtet, Verschiedenheiten wissenschaftlicher, künstlerischer, religiöser, politischer, wirtschaftlicher Art zu beseitigen. Sie geht darauf aus, „andere für eine bestimmte Gemeinschaft (sei es des Willens, Wissens, Fühlens usw.) zu gewinnen, in ihnen die betreffenden Gefühle, Überzeugungen usw. zu erwecken, heranzubilden." Sie hat die Aufgabe, andere Menschen für die eigenen geistigen und praktischen Ziele, für die eigenen vermeintlich besseren und richtigeren Anschauungen und Lebensinhalte zu gewinnen; sie also schließlich einer höheren Gemeinschaft zuzuführen, höheren Genossenschaften einzugliedern und die hierzu tauglichen Veranstaltungen zu verwirklichen. „So zieht jeder neue Gedanke seine Kreise, wird zur „Richtung", „Schule", „Partei", und was früher nur einem oder wenigen angehörte, ist plötzlich Gemeingut großer Massen geworden. Kurz, die„ Werbung ist ein notwendiger Grundbestandteil jeder Gesellschaft."

Dr. E. Lysinski knüpft an diese Auffassung Prof. Dr. Spanns folgende Schlußfolgerung:

„Man kann sogar noch einen Schritt weiter gehen, wie der Verfasser in diesen Ausführungen, wenn man die kulturelle Bedeutung der Werbung ins Auge faßt. Die Werbung ist nicht nur eine Einheitsfunktion, ohne welche die menschliche Gesellschaft als Ganzes überhaupt unmöglich wäre; sie ist nicht nur die unerläßliche Voraussetzung der Möglichkeit der Gesellschaft überhaupt; sie ist auch zugleich eines der wichtigsten Mittel alles Kulturfortschrittes. Alle die Menschheit, die Völker, Nationen und Massen beherrschenden großen Ideen sind nur durch unermüdliche Werbung aus kleinen Anfängen zu ihrer weltumspannenden Bedeutung gekommen. Noch jedem Kulturfortschritt hat erst die Werbung die Wege geebnet. Alles Große, Erhabene und Wertvolle bedurfte und bedarf zu seiner Verwirklichung der Werbung. Daher ist die Werbung auch für jeden, der am Kulturleben und Kulturfortschritt der Menschheit mitarbeitet, von Bedeutung.

Die weitreichende Bedeutung der Werbung bringen wir uns am besten zum Bewußtsein, wenn wir ihre verschiedenen Gebiete überblicken. Das Geschäftsleben ist nur ein Teil des Wirtschaftslebens. Weiter als die Geschäftsreklame reicht daher die wirtschaftliche Werbung, die Werbung im Dienste irgendwelcher volkswirtschaftlicher Ziele, die sich zumeist derselben Mittel bedient, wie die geschäftliche Reklamef

Ihr nahe steht die politische Werbung, die entweder Werbung des Staates oder der Parteien ist. Sie bedient sich zum Teil derselben Mittel wie die geschäftliche Werbung; nur ist deren Bedeutung für beide verschieden. Darüber hinaus stellt die politische Werbung aber noch eine Reihe weiterer Mittel in ihren Dienst, wie die Zeitung, das Flugblatt, die Agitationsrede, die Massendemonstration usw.

Der politischen Werbung steht die Werbung für irgendwelche sozialen Zwecke, die soziale Werbung, zur Seite. Neben den üblichen Werbemitteln zeigt auch sie ihre besonderen Formen: Geldsammlungen, Wohltätigkeitsveranstaltungen, Blumentage usw. Ihr nahe verwandt ist die humanitäre Werbung, die im Dienste allgemein menschlicher Zwecke steht. Ein typisches Beispiel aus der Geschichte bildet die Propaganda für die Sklavenbefreiung."

Für die nachstehende Darstellung gilt, ebenso wie dies beim Kapitel „Wahlreklame" der Fall war, als Richtschnur, daß, um Wiederholungen zu vermeiden, hier nur diejenigen Reklamemethoden bzw. nur diejenigen Formen derselben näher besprochen werden, welche in den vorausgehenden Kapiteln noch nicht erörtert waren.

II. Das gesprochene Wort.

Unter allen Anwendungsgebieten der Reklame kommt dem gesprochenen Worte in der Ideenreklame die größte Bedeutung zu. Die Staatsleitungen standen in allen Zeiten immer unter dem Einfluß bestimmter Ideen; im Altertum wurde die Ideenreklame durch das gesprochene Wort noch deshalb besonders gefördert, weil andere Reklamemittel, vor allem eine wirksame Verbreitung durch das geschriebene Wort, gänzlich fehlten. Die Bedeutung der Verbreitung der Ideen für die Leitung des Staates wurde ausdrücklich auch dadurch anerkannt, daß in Griechenland unbemittelte Bürger als Ersatz für den durch den Besuch von politischen Versammlungen entstehenden Zeitverlust eine Entschädigung, die sogenannte Versammlungslöhnung, erhielten. Zum Beweise, wie richtig diese Maßnahme war, sei beispielsweise an die Reden des Demosthenes zur Propagierung der Idee der nationalen Unabhängigkeit gegenüber Philipp von Mazedonien im Jahre 340 v. Chr., die sogenannte Philippika, erinnert, welche nach dem Tode Alexander des Großen (323 v. Chr.) tatsächlich zur Abschüttlung der Fremdherrschaft in Griechenland führten; in ähnlicher Weise hat Cicero durch seine Reden die durch Catilina drohende Gefahr seines Umsturzes (63 v. Chr.) beseitigt und die Staatsverfassung gerettet.

Ebenso wie die geschäftlichen Reklamemittel (Papier für Werbedrucksorten, Filme) gegen Entgelt erhältlich sind, so war im Altertum auch das Werbemittel Rhetorik = Beredsamkeit, käuflich. Die Sophisten, eine von Gorgias und Protagoras um 400 v. Chr. begründete Schule der Philosophie, erteilten bezahlten Unterricht in der Logik und Beredsamkeit, wobei sie als Lehrziel den Grundsatz aufstellten, daß derjenige, der das Geld habe, auch Recht haben solle. Den Schülern wurde die Biegsamkeit und Gewandtheit der Sprache beigebracht, damit sie jeder ihnen von irgendeiner Seite zur Verbreitung übertragenen Idee überzeugende Kraft geben und sie verbreiten können. Es war also das Reklamemittel „Beredsamkeit" für jeden beliebigen Zweck ebenso erhältlich wie heute ein Paket Flugzettel. Plato und Aristoteles charakterisierten die Tätigkeit der Sophisten mit den Worten, daß sie je nach ihrem Vorteil den leeren Schein der Wahrheit unter Verleugnung jeder sittlichen Pflicht gegenüber der Allgemeinheit zu erregen suchten.

Im Mittelalter und in den ersten Jahrhunderten der Neuzeit finden wir nur wenige große Redner und diese fast ausschließlich im Dienste der religiösen Idee. Abt Bernhard von Clairvaux gelang es, im Jahre 1147 durch seine Beredsamkeit 140000 Personen dazu zu bewegen, sich dem Heere für den 2. Kreuzzug anzuschließen. Um die Kraft seiner Rede zu beurteilen, muß man sich nur vorstellen, was es heißt, in eine Armee einzutreten mit dem Bewußtsein, mehr als 2 Jahre die Heimat und die Angehörigen im Stiche zu lassen, einem mehr als ungewissen Schicksal entgegenzugehen und alles dem Dienste einer Idee zu opfern. Johannes Huß bereitete ausschließlich durch seine Propagandareisen von Ort zu Ort in wenigen Jahren (1409 bis 1415) die große Bewegung zur Kirchenreform vor. Ähnlich wirkten nach Entdeckung der neuen Erdteile, dem Beispiel der Apostel folgend, die Missionäre. Im Dienste der Bewegung der Suffragetten stand eine ganze Organisation von Wanderrednerinnen, deren leidenschaftlichen Darlegungen in unzähigen Versammlungen schließlich auch die Durchsetzung ihres Programmes zuzuschreiben ist.

Im 19. Jahrhundert, welches mit dem Ausbau der bürgerlichen Rechte auch der Redefreiheit wieder einen weiteren Spielraum gab, ist noch die Tendenzdichtung, d. i. die Verbreitung einer bestimmten Idee vor allem in der Form des Dramas, besonders hervorzuheben.

III. Körperschaften (Vereine u. dgl.).

Selbst die größte Arbeitskraft und der opferwilligste Arbeitseifer eines einzelnen genügen jedoch nur in den allerseltensten Fällen, um einer Idee ein entsprechendes Echo zu bereiten. Man kam daher bereits frühzeitig auf den Gedanken der Gründung von Agitationszentren (Vereinigungen), um die Zahl der Verbreiter einer Idee zu vervielfachen. Zunächst wird also die Idee in einem kleinen Kreise verbreitet, um aktive Mitarbeiter (Agitatoren) zu schaffen; die Mitglieder dieses Kreises bilden vielfach selbst wieder ähnliche Vereinigungen und erst dann wird an die Bearbeitung der großen Massen geschritten.

Das Vereinswesen war bereits in Rom stark ausgebildet, und insbesondere der Kaiser Septimius Severus (193 bis 211

n. Chr.) hat den Bestand des Vereinsrechtes für alle Teile des römischen Reiches bestätigt.

Die Zentren der Agitation für das Christentum bildeten die römischen Leichenvereine, aus denen dann die Aposteln hervorgingen. Das feudale Verfassungssystem des Mittelalters und der Absolutismus der Neuzeit haben bis in das 19. Jahrhundert die Vereinsbildung stark eingeschränkt. Das 19. Jahrhundert zeigt ein rapides Aufblühen besonders der politischen Vereine. Um der Bevölkerung die viel komplizierteren Ideen der Gegenwart beizubringen und ihre Gedankeneinstellung ständig in dem gewünschten Sinne zu beeinflussen, wurden auf allen Gebieten des menschlichen Lebens Vereine, welche unter dem Einfluß einer bestimmten Idee stehen, begründet. So dienen neben den rein politischen Vereinen den politischen Ideen zu ihrer Verbreitung und Förderung auch Geselligkeits-, Wohlfahrts-, Touristen-, Turn- und Gesangsvereine, in welchen allen neben dem Vereinszwecke immer und immer wieder die politische Idee betont wird. Auch hierfür bietet bereits das antike Griechenland mit seinen Olympischen Spielen als Propaganda für die nationalgriechische Idee ein bemerkenswertes Vorbild.

Die politischen Vereine sind in der Regel in Landes- und Ortsgruppen dezentralisiert, so daß das zu bearbeitende Gebiet auch wirklich restlos erfaßt wird.

IV. Das geschriebene Wort.

Die erste Form des geschriebenen Wortes im Dienste der Ideenreklame sind die Briefe und Sendschreiben des Apostels Paulus (ca. 50 n. Chr.) an die christlichen Gemeinden, ebenso die Briefe des Apostels Clemens (95 n. Chr.) und des Apostels Ignatius (ca. 107 n. Chr.). Diese Briefe stellen die Keimzelle des Flugblattes dar und sie sind nur deshalb nicht zum Flugblatte geworden, weil eben damals die technischen Voraussetzungen hierfür fehlten.

Martin Luther hat als erster besonders in den Jahren 1517 und 1518 das Flugblatt im großen Stile zur Verbreitung seiner religiösen Auffassung verwendet. Er hat auf diese Weise die Kraft seines gesprochenen Wortes vervielfacht, und bereits die ersten Auflagen seiner Trotz- und Kampfschriften erreichten die für damalige Verhältnisse sehr große Zahl von mehr als 10000 Stück.

Das Flugblatt wurde im Gegensatze zu seiner Bedeutung für die Wahlreklame, wo ihm auch heute eine sehr große Bedeutung zukommt, in der Ideenreklame vom 18. Jahrhundert ab durch das Zeitungswesen stark verdrängt. Für die leitenden Ideen wurde eine eigene Presse (politische, sozialpolitische, nationale) geschaffen, welche im Gegensatz zur eruptiven Art des Flugblattes unablässig und unermüdlich die Bevölkerung beeinflußt. Auch das Plakat wird selbstverständlich weitgehendst der Ideenreklame dienstbar gemacht[1]). Bemerkenswert sind hier die von der Reichsarbeitsverwaltung und vom Verbande Deutscher Berufsgenossenschaften herausgegebenen Plakate, um einen Teil des Tätigkeitsprogrammes, nämlich die Unfallverhütung, in den Kreisen der beruflich Tätigen zu verbreiten (s. Abb. 166).

V. Demonstrationen.

Unter Demonstrationen versteht man im politischen Leben die Handlung einer Mehrheit von Parteigenossen, die mit der Absicht vorgenommen wird, den Standpunkt, den die Demonstrierenden in Ansehung einer politischen Frage einnehmen, in geeigneter Weise kundzugeben.

Das Mittel, durch Demonstrationen eine politische Idee zu verbreiten, steht bereits an der Grenze dessen, was man noch als Reklame bezeichnen kann, da ja gemäß der in der Einleitung wiedergegebenen Ansicht der Fachwissenschaft und -literatur das Wesen der Reklamewirkung darauf beruht, die Mitmenschen in einer Form zu beeinflussen, damit sie sich in eigener, freier Entschließung, ohne Gewaltanwendung und ohne Furcht oder Drohung für den gewollten Zweck entscheiden; die Erfolge, welche eine Beeinflussung durch Zwang erzielen, fallen bereits nicht mehr in das Gebiet der Reklame.

Demonstrationen sind ebenso wie die übrigen Mittel der Ideenreklame nur bei Bestehen gewisser politischer Frei-

[1]) Siehe Kompert, Plakate als wirtschaftliche Kampfmittel, „Seidls Reklame", Heft 8 ex 1925.

Abb. 166. Plakat zum Zwecke des Hinweises auf die Notwendigkeit der ständigen Verwendung von Schutzvorrichtungen, Deutschland 1926.

Abb. 167. Frauendemonstration gegen Japan und England in Peking 1925.

(Phot. Scherl's Bilderdienst, Berlin SW 68.)

Abb. 168. Demonstration gegen die Fürstenabfindung in Berlin 1926.

(Phot. Presse-Photo-Nachrichtendienst, Berlin W 30.)

heiten, vor allem des Vereinsrechtes, möglich, da eine wirksame Demonstration ohne Organisation entweder von vornherein mit Gewalttätigkeit und Plünderungen identisch oder unmöglich ist.

Als die Plebejer Roms mehrere Male durch Verheißungen der Patrizier getäuscht wurden, ohne daß sich ihre Lage besserte, zogen sie im Jahre 494 v. Chr. auf den heiligen Berg am Anjo und schlugen dort ein befestigtes Lager auf, um so den Patriziern durch die Tat vor Augen zu führen, daß sie bereit wären, bei Verweigerung von Zugeständnissen eine neue Heimat aufzusuchen. Bekannt ist die von Menenius Agrippa aus diesem Anlasse den Plebejern erzählte Fabel vom untätigen Magen und den übrigen Gliedern des menschlichen Körpers. Die Plebejer erreichten auch tatsächlich durch diese Demonstration das Volkstribunat. Die Plebejer drohten noch weitere zwei Male (449 v. Chr. und 287 v. Chr.) durch den Auszug auf den heiligen Berg mit der Auswanderung; sie erreichten durch die zweite Demonstration das Recht, verbindliche Beschlüsse vorbehaltlich der Zustimmung des Senats zu fassen, und durch die dritte Demonstration, Maßnahmen gegen die übermäßige Okkupation von Staatsländereien durch die Adeligen.

In der Neuzeit werden bei Demonstrationen (s. Abb. 194 u. 195) in der Regel Tafeln mit Aufschriften und Bildern getragen, um auf diese Weise ihren Zweck bekanntzugeben.

Da aber vielfach Demonstrationen trotz guter Organisation entweder mit Gewalttätigkeiten und Drohungen verbunden sind oder die Anwendung solcher bei Nichterfüllung der Forderungen bevorsteht, so ist vielfach nur ein kleiner Teil ihrer Erfolge auf die ihnen innewohnende Reklamewirkung zurückzuführen. Als eine gewisse Art der Demonstration ist auch das Tragen politischer Abzeichen aufzufassen, wodurch die Anhänger die Verbreitung ihrer Grundsätze versinnbildlichen wollen.

SCHLUSS.

Den Gegenstand der vorausgegangenen Darstellung bildete ausschließlich die geschichtliche Entwicklung der Reklame, wie sie von dem Entstehen und der Fortentwicklung der hierzu verwendeten Mittel aus gesehen wird. Trotzdem ist es der Vollständigkeit halber notwendig, wenigstens einige Worte zwei Grenzgebieten zuzuwenden, die mit dem Begriff Reklame fast unlösbar verbunden sind. Diese Gebiete betreffen einerseits die Lösung der Frage, wie die Wirkung der verschiedenen Reklamemittel verstärkt werden kann und anderseits, wo die Grenzen verlaufen, bis zu welchen eine Reklame noch gestattet und erlaubt ist.

a) Psychologie der Reklame.

Die Psychologie der Reklame[1]) beschäftigt sich mit dem Problem der weitgehendsten Ausschaltung toter Kosten, durch Vermeidung unwirksamer Reklame und der Verstärkung der Wirkung der verwendeten Mittel. Ebenso wie in der Kriegskunst nicht allein der Umstand entscheidend ist, daß möglichst viele Schüsse abgegeben werden, sondern es darauf ankommt, daß die abgegebenen Schüsse eine relativ große Anzahl von Treffern aufweisen, so ist es auch in der Reklame entscheidend, daß die verwendeten Mittel nicht wirkungslos verpuffen, sondern die Aufmerksamkeit des Publikums möglichst stark und oft erregen. Diese Wirkung ist bei der Reklame um so wichtiger, als bei einer richtigen Kalkulation die Reklamekosten als Produktionskosten verrechnet werden müssen und daher eine unrichtig angewendete Reklame auch die wirtschaftliche Konkurrenzfähigkeit einer Ware gefährden kann.

---

[1]) Dr. Th. König, Reklame-Psychologie, München u. Berlin 1924 — G. E. Müller, Zur Theorie der sinnlichen Aufmerksamkeit, 1873. — H. Münsterberg, Psychologie und Wirtschaftsleben, Leipzig 1919. — W. D. Scott, The Psychologie of advertising, Boston 1908; The Theory of advertising, Boston 1903. — R. Seyffert, Die Reklame des Kaufmanns, Leipzig 1920. — L. Starke, Suggestion — The greatest power in advertising American Advertiser, New York 1905.

Die moderne Forschung auf diesem Gebiete hat zur Aufhellung aller damit zusammenhängenden Fragen den Weg der experimentellen Psychologie gewählt, der auch der Reklame als einem Wissensgebiete der Praxis am nächsten liegt. Die Reklamepsychologie erläutert die Abhängigkeit und die Zusammenhänge des Reklameerfolges mit der Größe, Form und Art der verwendeten Methoden und stellt auch die für eine möglichst wirksame Apperzeption des Publikums notwendigen Vorbedingungen fest. Aufgabe der Reklamepsychologie ist es ferner, zu untersuchen, wie mit einem möglichst geringen wirtschaftlichen Aufwande eine möglichst starke und dauernde Reizwirkung auf die Aufmerksamkeit des Publikums erzielt wird. Die Reklamepsychologie ist zu einem eigenen Wissenszweig geworden, der ebenso wie die Reklame selbst in ständig steigendem Wachstum begriffen ist.

b) Der unlautere Wettbewerb.

Die von der Gesetzgebung und Rechtsprechung der erlaubten Reklame gezogenen Grenzen haben den Zweck, einerseits den Mitbewerber und anderseits den Konsumenten zu schützen[1]). Unter die zu Gunsten der ersten Gruppe erlassenen Verbote gehören:

1. Handlungen, welche eine Verwechslung mit einem anderen Erwerbsgeschäft herbeiführen sollen,
2. Handlungen, welche die Person des Konkurrenten oder dessen Waren und gewerbliche Leistungen durch unwahre Behauptungen herabsetzen sollen,
3. Verrat von Geschäfts- und Betriebsgeheimnissen und Abspenstigmachen von Angestellten und Arbeitern.

Unter die Verbote zu Gunsten des Konsums fallen:

1. Die Ausschreitungen der Reklame, welche in dem Käufer durch falsche Vorspiegelungen den Anschein eines besonders günstigen Anbotes hervorrufen sollen,
2. Qualitäts-Quantitätsverschleierungen und falsche Herkunftsbezeichnungen der Waren,
3. Anmassung von Auszeichnungen, Titeln u. dgl.

---

[1]) Siehe Dr. Joseph Grunzel, System der Handelspolitik. Duncker & Humblot, Leipzig 1906, S. 200 ff.

Die Gesetzgebung nahezu aller Kulturstaaten hat sich mit diesen Problemen befaßt. Die Lösung wurde einerseits durch eine Reihe von Spezialgesetzen, z. B. zum Schutze der Geschäftsmarken, des Firmennamens, der Herkunftsbezeichnung, anderseits durch allgemein gehaltene Gesetze meistens mit der Bezeichnung zum „Schutze gegen den unlauteren Wettbewerb" getroffen.

Am frühesten ist in Frankreich eine solche Regelung erfolgt und zwar durch den am 19. Februar 1804 erschienenen 4. Teil des code civile, ein Vorgang, der sich aus dem Umstande erklärt, daß Frankreich bereits am 17. März 1791 das Prinzip der unbedingten Freiheit der Arbeit und gewerblichen Betätigung gewährleistet hatte, also auch frühzeitig die Auswüchse der freien Konkurrenz fühlte. § 1382 des genannten Gesetzes enthält die Bestimmung, daß jedwede Handlung, durch welche irgend jemand einem anderen einen Schaden verursacht, den Schuldtragenden zum Schadenersatz verpflichtet, § 1383 macht jedermann für den Schaden verantwortlich, den er nicht bloß durch eine Handlung, sondern auch durch eine Unterlassung oder Unvorsichtigkeit dem Geschädigten verursacht. England hat durch die Merchandise Marks Act von 1887 nicht bloß die Handelsmarken geschützt, sondern auch falsche Angaben über Qualität und Quantität und Provenienz der Ware unter Strafe gestellt. Für die importierten Waren wurden diese gesetzlichen Bestimmungen auch von Amerika durch das Zollgesetz vom 24. Juli 1897 übernommen. Deutschland hat durch das Gesetz vom 25. Juli 1896 und 7. Juni 1909 den unlauteren Wettbewerb unter Strafe gestellt. Auch Österreich, die Tschechoslowakei und andere Staaten haben ähnliche Gesetze erlassen.

Selbstverständlich sind auch die Maschen dieser Gesetze nicht vollkommen und es bleibt trotzdem die Möglichkeit wahrheitswidriger und unlauterer Vorkommnisse auf dem Gebiete der Reklame offen. Die Hauptmasse und die gröbsten der Auswüchse jedoch wurden durch die genannten Maßnahmen wirksam beseitigt.

Sach-Register.

(Die Ziffer bedeutet die Seitenzahl.)

www.ingramcontent.com/pod-product-compliance
Lightning Source LLC
LaVergne TN
LVHW010643300926
849161LV00005B/1031